Kombinera Mat och Vin

15 kapitel om vin
med matchande recept

LÄS - LAGA - DRICK & NJUT!

Jens Dolk & Liselotte Forslin
Foto: Ulrika Ekblom

Några ord om Mat och Vin

Att skapa mat till olika sorters druvor är en konst. Smaker ska balanseras och stämma med vinets doft, smak och karaktär.

Maten i den här boken är till stor del festmat och en del av rätterna är klassiker som jag anpassat efter min stil. Men det är ingen direkt överdådig festmat utan bara lite festligare som passar antingen en vanlig fredagskväll hemma eller när du bjuder över gäster. Därav lite exklusivare ingredienser här och där.

Jag använder antingen smör eller olja i recepten beroende på vad jag tycker passar bäst. Oljan är Medelhavsmatens bästa vän medan smöret lyfter smaken i till exempel en sås till kött. I recepten finns också vanligt salt och flingsalt. Vanligt salt använder jag när jag saltar till exempel en gryta eller sås och flingsaltet strör jag på en färdig rätt. Men det är också gott på rostade grönsaker i ugnen, en liten detalj som gör stor skillnad.

Jag försöker köpa så bra mat som möjligt, gärna från småproducenter runt omkring där jag är. Ekologiskt odlat köper jag så långt det känns vettigt. Jag betalar hellre mer för bra mat än köper billiga storpack av sämre kvalitet som kanske ändå slängs bort för att inte allt går åt. Köper man dyrare tänker man sig för och köper bara det som går åt.

Så ta fram pannorna, packa upp maten, slå upp ett glas gott vin och få inspiration från vår bok!

Liselotte Forslin

Jag gillar vin. Inte bara för att det är gott utan för att vin innehåller så mycket. Det finns något för alla i vinets värld, man kan gilla historia eller kultur, geografi eller teknik, kemi eller personligheter. Allt ryms i vinet. Dessutom är vinet en del av så många härliga stunder – middagar med vänner, en lugn stund med en bok, drinken på bryggan, fester, bröllopsskålen, ett glas framför brasan.

Så det finns massor av anledningar att tycka om vin, men bäst av allt är ändå smaken – eller smakerna. Idag är vinvärlden så stor att man kan leva ett helt liv utan att någonsin behöva dricka samma vin två gånger.

Men vin får aldrig bli krångligt, fint eller tillgjort, då blir det genast supertråkigt tycker jag. I slutändan ska vinet blott drickas och njutas. Trots det är det inte så dumt att kunna lite om vin, en smula kunskap om det man har i glaset gör upplevelsen både större och godare.

Det är vår förhoppning att denna bok ska ge dig just detta. Lite förståelse och lite kunskap – men framförallt mycket njutning, många härliga stunder och inte minst upplevelser av goda mat- och vinkombinationer.

Jens Dolk

Innehåll

MARCHESI L. & P. ANTINORI

Inledning

Kombinationen mellan mat och vin – varför är den viktig? Behöver man verkligen tänka på vilket vin man ska servera till vilken mat, räcker det inte att servera ett gott vin till en god maträtt? Dessvärre är det inte så enkelt. Gott vin kan bli mindre gott med "fel" mat och vice versa. Det fina i kråksången är dock att ett gott vin också kan bli ännu godare, till och med ett mindre gott vin kan bli riktigt gott om man serverar det till rätt mat. I en lyckad kombination förhöjs smaken på både vin och mat.

Du har säkert upplevt det själv. Det där goda vinet från semestern som ni drack till pastan med svamp på krogen var inte alls lika gott hemma till biff med svampsås. Vinet som var så gott att gå och klunka på innan maten blev inte alls lika bra, surt och konstigt, tillsammans med maten. Små förändringar i maten kan göra hela skillnaden mellan en bra och en dålig smakupplevelse.

Alla kan hitta rätt vin till maten, det hör inte bara hemma på finkrogar och man behöver inte vara proffs eller ens duktig på vin. Allt som krävs är lite grundkunskap, tid, eftertanke och framförallt engagemang.

Det går att dricka vin till det mesta, låt inte gamla "regler" stoppa dig i din experimentlusta. Fundera, testa och avgör själv om det blev gott eller inte. Rött vin kan vara jättegott till fisk och det går faktiskt att dricka vin till sill! Och glöm inte det absolut viktigaste: låt din egen smak avgöra, det finns inga rätt eller fel när det gäller vad som är gott.

SINNENA

När vi provar vin och mat använder vi våra sinnen. De flesta tänker säkert direkt på synen, doften och smaken, men vi ska inte glömma bort de andra två. Vad händer om vi hör ett ”plopp” bakom ryggen? Jo, vi misstänker att det kommer att serveras ett mousserande vin. Och får vi ett kallt glas i handen tror vi snarare att vinet är vitt än rött. Alla våra fem sinnen är alltså närvarande när vi provar mat och vin.

Vi pratar lite slarvigt om smak, att smak är det vi känner i munnen. Men det vi refererar till som smak är även både doft och känsel. Om vi tar en jordgubbe i munnen tycker vi att den smakar jordgubbe. Men ska vi vara noggranna smakar den en kombination av det vi känner i munnen: sött, surt, salt, beskt och umami. Att vi upplever att den smakar jordgubbe beror på doften. Näsan är ett tusenfaldigt känsligare organ än munnen. Ni vet själva, när man är förkyld smakar maten ingenting. Likaså är känseln en viktigare del än man kanske tror. Mycket av det vi kallar för smak är egentligen känsel, kryddhetta till exempel. Samma sak gäller strävhet. Saliven reagerar mot strävheten och vi upplever att det blir kärvt. Matens konsistens är ytterligare ett exempel. Feta och krämiga produkter känner vi helt enkelt – vi känner inte smaken av dem.

Våra sinnen är helt individuella och subjektiva och det du känner, det känner bara du! Därför finns inga rätt eller fel. Om jag tycker att ett vin doftar hallon och du tycker att det doftar jordgubbar, har vi båda rätt. På samma sätt kan vi vara oeniga om huruvida en mat- och vinkombination smakar bra eller dåligt. Upplevelsen av mat och vin är alltså ingen exakt vetenskap, utan handlar mer om personliga preferenser precis som upplevelsen av musik, teater, film eller konst.

Tänk dig två personer som båda tycker att ett vin doftar hallon. De är överens – men pratar de om samma sak? Om den ene bor på landet och plockar färska hallon till filen varje morgon och den andre brukar dricka BOB:s hallonsaft så menar de inte samma sak, de refererar till två helt olika smaker. Ändå pratar båda om hallon. För mig är detta det definitiva beviset för att vad ett ord betyder och vad vi tycker är högst subjektivt.

Med detta i bagaget kan vi konstatera att mat- och vinprovning både är någonting otroligt lätt, och samtidigt ganska svårt. Lätt för att det inte finns några rätt eller fel och för att man alltid har rätt i vad man själv tycker. Svårt för att det kan vara knepigt att uttrycka sina intryck. När vi provar vin och pratar om våra upplevelser med andra måste vi helt enkelt acceptera att vi kan tycka olika och att det inte spelar någon roll. Det är tillåtet att säga vad som helst! En vanlig missuppfattning är att bara för att man provar vin måste man slänga sig med en massa avancerade uttryck. Det är naturligtvis helt fel. Eftersom bara vi själva vet vad vi känner är vi också de enda som kan klä våra intryck i ord. Orden måste vi kunna stå för och vilka ord vi använder hänger ihop med våra referenser. Har man till exempel aldrig doftat på nyklippt gräs kan man naturligtvis inte känna det i ett vin.

RÖTT TILL KÖTT OCH VITT TILL FISK – KLASSISKA KOMBINATIONER

Visst finns det lite sanning i rubriken, men den är grovt förenklad. Att motivera ett vin bara utifrån att man ska servera fisk eller kött kommer man dessvärre inte långt med, den typen av generaliseringar ger inga perfekta kombinationer. En gravad lax med hovmästarsås är inte per automatik god till samma vin som en grillad lax med hollandaisesås bara för att det är samma fisk.

Det är rätten som helhet, i intryck och smak, som måste ligga till grund för vilket vin du väljer. Oftast är det faktiskt inte huvudråvaran som ska styra utan snarare tillbehören: såsen, kryddningen, hur man har gjort potatisen. Tänk så här: Om jag håller upp ett förstoringsglas framför den här rätten, vad ser jag då? I den gravade laxen med hovmästarsås ser man lite sötma, syra och senap från såsen men i den grillade laxen det feta från hollandaisen och kanske de lite brända aromerna från grillningen. Det är dessa egenskaper som ska styra vinvalet, inte att det är lax. Så vi hoppar över det där med kött och rött. Däremot finns det andra klassiska kombinationer som ni kanske har hört talas om som inte är så dumma, till exempel skaldjur och chablis eller getost och sauvignon blanc. Ofta finns sanningen om deras förträfflighet ihop med varandra i något som man kallar regionskombinationer. Det är kombinationer mellan råvaror som under lång tid växt sida vid sida och som därigenom anpassats till varandra. Som exemplet getost (chèvre) och sauvignon blanc, de har båda sitt ursprung i Loiredalen i Frankrike och har med tiden anpassats till varandra. Vår ölkultur i Sverige tillsammans med vår traditionella, salta mat är ytterligare ett exempel.

Trots alla rekommendationer och gamla regler, som absolut kan vara en hjälp på traven, är det inte enbart det vi ska utgå ifrån. I slutändan bygger alltid en mat- och vinkombination på personliga referenser. Huruvida det smakar bra eller inte beror helt och hållet på dig – och vi har alla olika smak.

EN LYCKAD KOMBINATION

Innan vi går in på hur man ska tänka och göra är det viktigt att veta vad man vill uppnå. Vi vill kombinera mat och vin så att det smakar gott. Både vinet och maten ska få utrymme och smaka godare tillsammans än var för sig, en del brukar prata om att "ett plus ett blir tre". Det är inte alltid man når hela vägen men kombinationen behöver inte vara dålig för det!

Det viktigaste är att båda aktörerna, både maten och vinet, får vara med och spela. En mat- och vinkombination som bara smakar av vinet eller bara av maten är inte så lyckad. Därför gäller det att välja mat och vin utifrån deras vitalitet och kraft så att ingen del tar överhanden. Här gäller det att tänka på hela maträtten: vilken råvara man använder och hur den är tillredd, vilka tillbehör och hur de är kryddade, vilken sås och vad den är gjord av. Det är stor skillnad mellan en buljongpocherad kyckling och en japansk teriyakikyckling. Grunden i all mat- och vinkombination är att välja lättare viner till mild mat och fylligare viner till smakrik mat.

Tvåa på önskelistan är att det smakar gott ihop, men att det inte händer något extra. Vinet och maten smakar gott, men känslan "ett plus ett blir tre" infinner sig inte riktigt.

På tredje plats kommer det jag brukar kalla för växelkombination. Smaken av maten och smaken av vinet växlar i munnen. Man äter maten och det smakar mat, därefter tar man en klunk vin och det smakar vin, men efter en stund kommer matens smak fram igen, den växer tillbaka. Ingen fantastisk kombination, men inte heller dålig.

Näst sämst är de kombinationer som bara smakar mat eller bara smakar vin. Notera att de inte behöver smaka dåligt, men det är lite tråkigt när bara en part smakar. Om man exempelvis har valt ett jättegott och kraftigt rött vin till en lätt kycklinggryta, smakar kombinationen bara jättegott rödvin. Och då kan man ju lika gärna hoppa över maten eller äta gröt.

Sämst då? Jo, det blir det naturligtvis om kombinationen smakar illa, om den ena parten lockar fram något dåligt hos den andra. Exempelvis kan det fruktiga och fräscha vinet som var så gott som aperitif bli kantigt, hårt och surt tillsammans med mat.

Att kombinera mat och vin handlar med andra ord lika mycket om att lära sig vad som inte funkar ihop som att lära sig vad som funkar. Vi vill i största möjliga mån undvika att förstärka smaker som när de tar för stora proportioner inte smakar gott. Det är till exempel onödigt att försöka få ihop tomat och ett strävt rött vin, eftersom en metallisk bismak oftast är resultatet (på grund av umami, se nedan). Likaså är det onödigt att kombinera en söt dessert med ett vin med alltför lite sötma, eftersom det kommer att göra vinet surt och kartigt. Ett kraftigt, strävt vin är inte heller att rekommendera till stark och het mat eftersom smakerna krockar och vinets strävhet förstärks.

Och kom ihåg att denna kunskap inte bara är användbar för kombinationen mellan mat och vin. Det kan också vara fråga om vilket vin som passar till ett specifikt tillfälle. Är vinet som är gott på bryggan på sommaren när solen skiner även gott på vintern framför brasan när det är kallt ute?

HUR SKA VI DÅ VETA VAD SOM PASSAR TILL VAD?

Det lättaste sättet att få reda på om en maträtt är god tillsammans med ett vin är att testa. Ät maten, drick vinet och känn efter! Alla kan vi ju svara på vad vi tycker – gott eller inte?

Vi kan inte med hundraprocentig säkerhet räkna ut någon kombination i förväg. Det finns hur många olika viner som helst i världen som alla smakar olika, och när det gäller mat är det om möjligt ännu mer komplicerat. Råvaror kan smaka hur som helst och när vi kombinerar dem är antalet möjliga smakupplevelser närmast obegränsat.

Med erfarenhet av olika smaker ökar du dock dina chanser att uppnå en lyckad kombination. Mat och vin i kombination handlar till stor del, hur tråkigt det än kan låta, om kemi. Och med hjälp av lite grundläggande kunskap om mat- och vinkemi, om hur olika dofter och smaker i vin och mat påverkar varandra, kan vi till viss del räkna ut hur det ska bli.

SAMKLANG ELLER KONTRADIKTION

Vi vill uppnå balans i mat- och vinkombinationen, och det kan vi göra genom samklang eller kontradiktion. Vi vill helt enkelt leta efter smaker i vinet och smaker i maten som antingen spelar med varandra eller emot varandra, dock med samma mål – att det blir balans och att det smakar bra tillsammans.

De viktigaste egenskaperna att hålla reda på i vinet när man ska kombinera det med mat är syran, sötman, strävheten och bitterheten (fatkaraktären). Samma egenskaper ska vi ha koll på i maten, vi måste även veta om maten är stark (hetta) och om den har några feta konsistenser.

När balansen är uppnådd, genom samklang eller kontradiktion mellan grundegenskaperna hos maten och vinet, kan man gå vidare till nästa steg, till det där som gör att kombinationen blir extra bra – doftaromerna. De har ingenting att göra med om det kommer att smaka balanserat eller inte, men genom att hitta dofter i vinet och maten som är lika varandra kan man få fram det där lilla extra. Exempelvis kan cabernet sauvignons karakteristiska ton av svarta vinbär speglas i en svartvinbärssås och sauvignon blancs gräsiga örtighet tas upp i en örtsås.

KEMI OCH DE FEM GRUNDSMAKERNA

Det är grundsmakerna i maten och i vinet som utgör basen för att skapa harmoni i en kombination: hur påverkas smaken av de kemiska reaktioner som sker när grundsmakerna i maten möter vinets smaker och karaktärer? Men glöm inte bort din egen smak, vad som är rätt på pappret stämmer inte alltid i verkligheten.

Det finns fem grundsmaker, och här tror väl de flesta att jag har skrivit fel. Det finns väl bara fyra grundsmaker! Men faktum är att inte ens det man lärde sig i grundskolan längre gäller i denna föränderliga värld. Utöver sött, surt, salt och beskt har vi fått en femte grundsmak som kallas umami. Naturligtvis har vi inte fått en helt ny smak, men vi har hittat och definierat en grundsmak som vi inte kände till tidigare.

Umami

Namnet kommer från Japan och betyder ungefär 'delikat' eller 'välsmakande'. Smakens vetenskapliga namn är monosodium L-glutamat och den återfinns i många råvaror, exempelvis i skaldjur,

Lathund för hur mat och vin påverkar varandra

Här följer en tabell som på ett enkelt sätt beskriver vad som händer mellan de olika grundsmakerna när du parar ihop mat och vin. Se det som ett hjälpmedel snarare än ett regelhäfte, det är en antydan om vad som händer snarare än en definitiv sanning.
Och, som jag har betonat så många gånger tidigare, glöm inte bort att det är du som bestämmer vad som är gott!

SYRA I MATEN
– minskar upplevelsen av syrlighet i vinet
– minskar upplevelsen av strävhet i vinet
– minskar upplevelsen av beska i vinet
– ökar upplevelsen av sötma i vinet

SÄLTA I MATEN
– minskar upplevelsen av syrlighet i vinet
– minskar upplevelsen av beska i vinet
– minskar upplevelsen av sötma i vinet
– minskar upplevelsen av strävhet i vinet
– minskar umamins effekt på vinet

SÖTMA I MATEN
– minskar upplevelsen av sötma i vinet
– ökar upplevelsen av syrlighet i vinet
– ökar upplevelsen av beska i vinet
– ökar upplevelsen av strävhet i vinet

BESKA/BITTERHET I MATEN
– minskar upplevelsen av syrlighet i vinet
– minskar upplevelsen av sälta i vinet
– ökar upplevelsen av beska i vinet
– ökar upplevelsen av sötma i vinet
– ökar umamins effekt på vinet

SYRA I VINET
– minskar upplevelsen av syrlighet i maten
– minskar upplevelsen av beska i maten
– minskar upplevelsen av styrka/hetta i maten
– ökar upplevelsen av sötma i maten

SÄLTA I VINET
– minskar upplevelsen av syrlighet i maten
– minskar upplevelsen av beska i maten
– minskar upplevelsen av sötma i maten

SÖTMA I VINET
– minskar upplevelsen av sötma i maten
– minskar upplevelsen av styrka/hetta i maten
– ökar upplevelsen av syrlighet i maten
– ökar upplevelsen av beska i maten

BESKA/BITTERHET I VINET
– minskar upplevelsen av syrlighet i maten
– minskar upplevelsen av sälta i maten
– ökar upplevelsen av beska i maten
– ökar upplevelsen av sötma i maten

fonder, lagrad ost, buljonger, fisksås och vissa grönsaker. Man utvinner den också i ren form i vad vi känner till som glutamat, ni vet det där man strödde på nästan all mat i skolbespisningen. Dess egentliga effekt är att förhöja råvarans egen smak.

Umami, som är en aminosyra, påverkar vinets smak och tyvärr är resultatet inte alltid så gott. Effekten är störst på sträva röda viner och brukar resultera i en lätt oangenäm, metallisk bismak. Testa gärna genom att först äta lite tomat och därefter dricka ett strävt rött vin. Inte så gott. Men misströsta inte, självklart kan man dricka vin både till tomat, lagrad ost och till buljonger, eftersom man sällan serverar dessa råvaror som de är. Det finns dessutom ett utmärkt hjälpmedel som har en lindrande effekt på umamins smak – salt. Testa gärna igen genom att hälla lite salt på tomaten och därefter dricka samma vin. Godare, eller hur?

Syra

Syra finns både i mat och i vin, i viner brukar man prata om friskhet eller syrlighet. Ofta när man säger att något är surt är det i negativ mening. Att ett vin är syrligt behöver däremot inte alls vara negativt, tvärtom. Många gånger vill vi att vinet ska ha hög friskhet/syrlighet för att vi ska kunna få en god kombination tillsammans med maten. Syrlighet i mat kan komma från såväl pressad citron som från vin, crème fraiche och vinäger.

Gott till: Till mat med syrlig karaktär är det gott med ett syrligt vin. Det låter konstigt, men två citroner smakar faktiskt mindre surt tillsammans än var och en för sig och det beror på adaptation, eller adaption. Genom att ha syrlighet både i maten och i vinet smakar ingen av delarna för syrligt. Syrlighet i maten kan även vara bra om man serverar ett strävt vin eftersom syran dämpar vinets

strävhet. Om du har ett strävt vin och inte kan vänta på dess naturliga mognadsprocess som gör det rundare och mindre strävt kan du till exempel hälla lite balsamvinäger i såsen.

Akta dig för: Till syrlig mat är det inte gott att servera ett alltför sött vin eftersom vinet då kommer att smaka ännu sötare. På samma sätt kommer en söt rätt att bli sötare om du serverar ett för syrligt vin till.

Sälta

Sälta i mat är lätt att förstå, men desto svårare när det gäller vin. Vin som smakar salt, finns det? Nja, något salt vin finns väl inte direkt, men däremot finns det karaktärer i vin som kan påminna om sälta, till exempel mineralkaraktär. Fino och manzanilla (två typer av sherry) från Jerez har en udda, lätt salt smak.

Gott till: Salt mat smakar ofta gott tillsammans med ett syrligt vin eftersom sältan i maten dämpar vinets syrlighet. Ett exempel på detta är den klassiska kombinationen ostron och champagne. Salt mat fungerar även bra med ett sött vin. Den väl beprövade kombinationen parmaskinka och melon är ett exempel på att salt och sött fungerar tillsammans. Grön- eller blåmögelostar är ofta väldigt salta och de passar utmärkt till sött vin, till exempel portvin, tokaji eller sauternes. Man kan faktiskt till och med dricka vin till sill, testa klar sillinläggning med en fino eller manzanilla. Både sillen och vinet är salt vilket gör att de fungerar ihop och dessutom smakar mindre salt tillsammans. Sälta i mat har också positiv effekt på umamins påverkan i kombinationen.

Akta dig för: En bra regel är att helt enkelt akta sig för alltför salt mat. Det är inte gott och det gör inte vinet rättvisa eftersom det kan resultera i att oönskade bismaker i vinet kommer fram.

Sötma

Sötma hittar vi både i viner och i mat. Det finns alltifrån lätt söta, så kallade halvtorra viner, till rejält söta viner. Det finns också någonting som man brukar kalla fruktsötma. Viner som har fruktsötma är helt torra men kan uppfattas som lätt söta i doft och smak, vilket beror på att vinet är framställt på väldigt mogna druvor. Det kan antingen bero på varmt klimat eller på en lång växtsäsong. Söta viner kan således vara alltifrån en chardonnay från Australien till en Spätlese riesling från Tyskland.

Adaptation, eller adaption, betyder "förändring uppkommen genom anpassning". Det innebär i smaksammanhang att hjärnan stegvis minskar sin registrering av en smak som är återkommande. Om du till exempel äter några sockerbitar innan du smakar på ett sött vin kommer vinet att kännas mindre sött än utan sockret.

Sötma i mat hittar vi i flera olika former, bland annat i frukt, rotfrukter och stekt lök. Det blir också vanligare att vi använder söta ingredienser i maten, vem har till exempel inte haft ketchup på någon maträtt eller russin i en couscous? I asiatiska rätter är honung vanligt, liksom söt kokosmjölk.

Gott till: När man ska para ihop en söt maträtt med ett vin är tumregeln att låta vinet vara minst lika sött som maten, oavsett om det är en varmrätt eller en dessert. Detta kan låta konstigt, men bygger på kemi. Själv fick jag erfara fenomenet när jag provade mat och vin på en asiatisk restaurang. Bland rätterna fanns en friterad kyckling med en mycket söt honungssås, dessutom serverades kanderade nötter till. Vi provade det ena torra och halvtorra vinet efter det andra men inget passade. Till slut provade vi ett sött dessertvin och resultatet var klockrent. Det smakade utmärkt, sötman i maten mötte sötman i vinet och kombinationen blev perfekt. Vinet upplevdes mindre sött, liksom maten. Återigen beror det på adaption.

Söta viner fungerar även utmärkt till kryddstarka rätter. Det söta vinet gör att maten upplevs mindre stark samtidigt som det starka i maten gör att sötman i vinet blir mindre framträdande. Något att tänka på nu när den kryddstarka asiatiska och mexikanska maten har blivit så populär.

Akta dig för: Man ska helt enkelt inte servera torra och friska viner till söt mat eftersom vinet kommer att upplevas ännu torrare, på gränsen till surt. Man ska också undvika söt mat till sträva röda viner eftersom sötman i maten förstärker vinets strävhet.

Beska

Beska smaker hittar vi framförallt i grönsaker och sallad, till exempel endive och rossi.

Gott till: Tyvärr är inte beska i mat så bra till några viner. Problemet är att beskan i maten ökar beskan i vinet, samt att umamins negativa effekt ökar. Men man behöver inte helt ta bort beskan ur matlagningen bara för att man ska kunna dricka vin till, botemedlen heter salt och citron.

Akta dig för: Sträva viner är extra svåra med besk mat eftersom beskan i maten ökar känslan av strävhet i vinet. Därför är vita viner, som har mindre strävhet än röda, ett bättre val.

DRUVAN

Hur ett vin smakar är ett resultat av flera olika faktorer: druva, klimat, jordmån, tillverkning och lagring, där druvan alltid har störst inflytande på vinets karaktär. Ett vin på druvan sauvignon blanc från Frankrike smakar mer likt ett vin på samma druva från Nya Zeeland än ett vin på en annan druva från samma vingård i Frankrike.

Det finns närmare 8 000 olika sorters druvor. Långt ifrån alla används till vin; en del är vilda, andra blir ätdruvor och några blir russin. Ungefär 1 000 druvsorter är av intresse när det gäller vinproduktion. Även den summan är otroligt stor och få har ens hört talas om, än mindre druckit, vin på alla dessa sorter, vissa från i vinsammanhang så udda ställen som till exempel Japan och England. I själva verket är kanske bara ett 50-tal druvsorter intressanta.

Det är först på senare år vi har blivit riktigt medvetna om druvor och deras namn. I den traditionella vinvärlden namnger man viner efter varifrån de kommer. Från Frankrike hittar man till exempel bourgogne, bordeaux, chablis och champagne. I de flesta av Europas länder finns strikta vinlagar som reglerar vilka druvor man får och inte får odla i olika områden. Därför har druvans namn varit ointressant att sätta ut på flaskan, eftersom man antas veta vilken druva vinet är gjort av. Är det ett rött vin från Bourgogne är det gjort på pinot noir, eftersom det är den enda röda druvan som är tillåten där. Är det ett vitt vin från Chablis vet man av samma anledning att det är gjort på chardonnay.

När nya vinländer dök upp, det vi brukar referera till som Nya världen, föddes vår medvetenhet om druvnamn på riktigt. I dessa länder hade man inga traditioner eller lagar som reglerade vilka druvor man fick odla var, därför fick druvans namn vara med på etiketten för att beskriva vad det var för typ av vin. På så sätt har vi konsumenter lärt oss flera olika druvor och idag är det många som väljer sitt vin beroende på vilken druva det är gjort av snarare än var det kommer ifrån. Tack vare detta har man även i delar av Frankrike börjat sätta ut druvnamnet på etiketten, enda stället i Frankrike där man sedan länge angivit druvan på etiketten är Alsace.

Eftersom druvan är så viktig för hur vinet smakar och den många gånger ligger till grund för vårt val av vin bildar den naturligt denna boks kapitel. Vissa druvor känner du säkert till, andra kanske du bara har hört talas om och en del kanske till och med är helt nya för dig.

Druvorna som presenteras i den här boken representerar inte de druvor som odlas mest över världen i kvantitet räknat, men de är sannolikt de druvor som är mest kända och som man vanligtvis kommer i kontakt med.

Allt i vinvärlden går dock inte att dela in i druvor. Ni hittar också kapitel om roséviner, ost och vin, mousserande vin samt dessert och vin.

SKRÄMMANDE

Har du läst så här långt tycker du kanske att det låter krångligt och tänker "inte visste jag att det ska vara så här besvärligt". Kanske känner du dig mer förvirrad än innan du började läsa, men förhoppningsvis på en högre nivå. Var lugn, det finns inga rätt eller fel. De flesta kombinationer mellan mat och vin brukar faktiskt gå hyfsat bra. Men vi ska inte nöja oss med bra, vi vill att det ska bli superbra! Genom att tänka på grundsmakerna och vad som händer med dem i kombinationen mellan mat och vin kommer du att hitta dit oftare, och framförallt, du kommer att kunna undvika direkt oaptitliga kombinationer.

Att lära sig att kombinera mat och vin är ingenting man gör över en natt, inte ens om man sträckläser denna bok – och tur är väl det. Att lära sig teorin bakom kombinationerna är bra men det är bara början, och fullärd blir man aldrig. Genom att ägna en tanke åt kombinationerna blir man däremot hela tiden bättre. Och det bästa av allt är sättet man gör det på, att äta och dricka sig till kunskap är inte alla ämnen förunnat.

Så välkommen till en spännande värld av druvor, viner, mat och inte minst kombinationer!

För att tro på något som står skrivet vill man ibland uppleva det själv. Med vinerna och råvarorna i listan på nästa uppslag kan du testa om teorierna stämmer. Vad händer med grundsmakerna när man kombinerar mat och vin? Nästa gång ni står i köket och precis har öppnat en flaska torrt vitt vin, prova att smaka på en citron innan och se vad som händer. Eller testa en sked balsamvinäger tillsammans med ett strävt rött vin. Eller arrangera en provning! Det är otroligt spännande och lärorikt att se vad som händer med vinerna och råvarorna när man provar dem tillsammans. Det är dessutom det enklaste sättet att förstå vad som händer och ett utmärkt sätt att lära sig grunderna och få kunskap som man sedan kan applicera på "riktig" mat.

Experiment -prova själv!

Det ni behöver är fyra viner som representerar olika smaker och åtta råvaror som får representera de olika grundsmakerna: sötma, syra, sälta, beska och umami (tomat) samt en del av det vi känner i munnen: hetta och fetma (brieost).

VINER:

Vin 1 – Ett torrt vitt vin med hög syra:

Här kan du välja ett vin på druvan sauvignon blanc, till exempel från Bordeaux (ej ekfatslagrat), eller ett vin från Chablis på druvan chardonnay.

Vin 2 – Ett vitt vin som inte är helt torrt:

Ett halvtorrt vin från Tyskland gjort på druvan riesling är utmärkt. Välj vin med beteckningen QbA halbtrocken, kabinett eller spätlese.

Vin 3 – Ett lätt och mjukt rött vin utan strävhet men med syra:

Beaujolais på druvan gamay är ett förslag, ett annat en lätt och fruktig pinot noir.

Vin 4 – Ett smakrikt rött vin med strävhet:

Här finns många viner att välja mellan: kraftigare viner som har lagrats på fat på någon av druvorna cabernet sauvignon, merlot, syrah/shiraz eller sangiovese.

RÅVAROR:

socker eller en bit sött äpple
en klyfta citron eller lime
balsamvinäger
salt
ett beskt salladsblad, t.ex. endiv
tomat
chili
brieost

Ställ fram vinerna i den ordning de presenteras här ovan och lägg upp alla råvarorna på en tallrik. Börja sedan systematiskt att prova vinerna i kombination med maten. Testa först det torra vita vinet med hög syra, vin 1, med alla de olika råvarorna. Fundera på vad som händer med vinet och med råvaran i mötet och dra era egna slutsatser. Vill man kan man ha lathunden från sidan 18 framför sig så att man vet vad man ska leta efter. Prova sedan vin 2, vin 3 och vin 4 på samma sätt. Jag garanterar att ni kommer att bli förvånade. Det är inte säkert att ni kommer att uppleva att allt ni provar är gott även om det ska vara en bra kombination, men ni kommer att känna effekten.

Sauvignon blanc

Sauvignon blanc har, liksom chardonnay, sitt ursprung i klassiska franska vinområden men odlas numera i nästan hela världen. Den har dock av olika anledningar inte blivit lika stor som chardonnay. Sauvignon blanc trivs bäst i svala klimat och har lyckats bra i Österrike, Nya Zeeland, Sydafrika och Chile. Dessutom har den en mycket särpräglad doft och smak som långt ifrån alla uppskattar och som man som vinmakare inte kan trolla med hur som helst.

Sauvignon blanc kommer ursprungligen från Frankrikes västkust, i Loire och Bordeaux går dess historia långt tillbaka i tiden. I Loire odlas den framförallt i de östra delarna, där Sancerre och Pouilly Fumé är de två högst ansedda områdena. Där gör man viner på hundra procent sauvignon blanc. Druvan odlas även i granndistrikten Menetou-Salon, Reuilly och Quincy. Vinerna härifrån är vanligtvis också mycket bra, men priserna är generellt lägre. Man hittar sauvignon blanc även längre västerut längs Loire, vid Nantes och vid utloppet i Atlanten, men den odlas i mindre omfattning ju närmare kusten man kommer. Där tar de vita druvorna chenin blanc och muscadet över.

I Bordeaux utgör sauvignon blanc en mycket viktig del av vinindustrin. Till skillnad från i Loire tillverkar man inte druvspecifika viner här, sauvignon blanc blandas med druvorna sémillon och muscadelle och bidrar med friskhet och fräschör. Bordeaux är annars mest känt för sina röda viner från de norra delarna längs floden Gironde. Merparten av de torra vita vinerna kommer från de sydligare delarna av Bordeaux, från Graves, Pessac-Léognan och Entre-Deux-Mers.

Ännu längre söderut, i dalgången längs floden Garonne, hittar vi Sauternes och Barsac och deras grannområden. De kända ädelrötade vinerna härifrån, med Château d'Yquem i spetsen, har alla sauvignon blanc med i blandningen. Ädelröta, eller på latin Botrytis cinerea, är en märklig företeelse. I det ömsom fuktiga, ömsom soliga klimatet angrips druvorna av en mögelsvamp. Svampen suger vattnet ur druvan och musten reduceras till en mycket söt druvmust som man sedan jäser till ett sött vitt vin. Eftersom ett fuktigt klimat är en förutsättning för botrytisens uppkomst hittar vi de flesta områdena med ädelrötade viner vid floder och sjöar.

HUR BLIR VINERNA OCH VAR KOMMER DE IFRÅN?

Sauvignon blanc har en särpräglad smak och är ofta den druva man först lär sig att känna igen i en blindprovning. Personligen tänker jag mest på flädersaft och krusbär men gräs, svartvinbärsblad och nässlor är också vanliga associationer. Det man allra först slås av när man stoppar näsan i ett glas sauvignon blanc är friskheten och fräschören. Det luktar krispigt grönt, rent och aromatiskt.

I övre Loiredalen blir vinerna krispigt friska och fräscha med tydlig mineralkaraktär. De karakteristiska aromatiska doftupplevelserna finns där men inget är överdrivet och vinerna är eleganta. Syran är alltid hög och fruktigheten påminner om gröna omogna äpplen och citron. Sauvignon blanc är, tillsammans med riesling, den druva som har högst naturlig syra.

Vinerna från Nya världen påminner mycket om vinerna från Loire, sauvignon blanc är sig ganska lik oavsett var den odlas. Vanliga skillnader är att vinerna från varmare klimat ofta blir lite fruktigare än vinerna från Loire samt att den omogna gröna äppelaromen blir något mer mogen, ibland till och med tropisk. Den höga syran finns kvar men går mer åt lime än åt citron. När det gäller vinerna från framförallt Nya Zeeland, men i viss mån även från Sydafrika och Chile, kan de karakteristiska sauvignon blanc-karaktärerna som fläder, krusbär, svartvinbärsblad, nässlor m.m. ofta bli nästan övertydliga. Generellt kan man säga att de franska vinerna är lite elegantare och mineraliga, medan vinerna från Nya världen är fruktiga åt det druvtypiska hållet.

Både i Bordeaux och i USA lagrar man vissa sauvignon blanc-viner på ek, vilket annars inte är så vanligt. Faten ger vinet en lätt rökig karaktär och i USA kallas dessa viner ibland fumé blanc. Oftast blir också syran något mildare när man lagrar på ekfat. De flesta bordeauxviner på sauvignon blanc skiljer sig från övriga viner på samma druva, eftersom ekfatslagring är vanligt och för att man här ofta blandar sauvignon blanc med andra druvor. Krispiga, oekade varianter görs dock även i Bordeaux.

De vita vinerna från Bordeaux har genomgått en mindre renässans sedan mitten av 1970-talet. Från mediokra, tunga och klumpiga viner dominerade av druvan sémillon har man gått mot elegantare och friskare varianter med sauvignon blanc som huvuddruva. De bästa vita vinerna från Bordeaux är ekfatslagrade och gjorda på en kombination av sauvignon blanc och sémillon, ibland även med muscadelle.

ATT KOMBINERA SAUVIGNON BLANC MED MAT

Det som är viktigast att ta hänsyn till när man ska kombinera sauvignon blanc med mat är vinets höga friskhet och aromatiska karaktär. Bästa sättet att hantera syran är att servera något syrligt eller salt till, eftersom båda dessa smaker lindrar syran och man får en mjukare och godare smakupplevelse. Exempel på detta är den klassiska kombinationen med viner från östra Loiredalen tillsammans med skaldjur och getost, skaldjur är salta och getost är syrlig. En annan klassisk kombination med sauvignon blanc är grön sparris eller andra primörer, de fungerar fint med druvans aromatiska karaktär.

Sauvignon blanc-viner är sällan fylliga, däremot är de ofta väldigt aromatiska och klarar därför relativt smakrik mat. Generellt passar dock pocherad fisk bättre än grillad och citronsås bättre än tomatragu.

Är maten av den lite kraftigare sorten kan en fatlagrad sauvignon blanc passa bra, en fumé blanc eller ett vin från Bordeaux. Om du vill servera ett krispigt vitt vin med hög syra och mat som har mycket smak är en vit bordeaux perfekt.

Viner på sauvignon blanc kan också passa mycket bra till stark asiatisk mat. Maten får naturligtvis inte vara för stark men syran har positiv inverkan på det heta i rätten. Extra bra blir det om rätten dessutom är syrlig, vilket ju inte är ovanligt. En annan trevlig kombination är sauvignon blanc och rökt mat, till exempel lax, där vinets friskhet passar det feta i laxen och de aromatiska tonerna det rökta.

Slutligen är viner på sauvignon blanc utmärkta som aperitif. Den aromatiska smaken är läcker och den höga syran sätter genast igång smaklökarna och matsmältningen så att man blir hungrig. Dessutom är det ett riktigt bra "sommarsippvin".

Ostron med schalottengranité

En variant på det klassiska schalotten- och vinägertillbehöret till ostron. Ostron och champagne är en klassisk kombination. Det man är ute efter är den höga friskheten i vinet, den passar perfekt ihop med sältan i ostronen. Samma friska syrlighet som finns i champagne hittar man också i viner på druvan sauvignon blanc, speciellt om den är svalodlad. Till denna rätt kikar jag gärna lite extra efter "originalvarianten" från Loire - Sancerre, Pouilly Fumé eller Menetou-Salon.

4 portioner

12 ostron av valfri sort
1 stor schalottenlök
2 dl rödvinsvinäger av god kvalitet
2 tsk strösocker

Skala löken och finhacka den. Blanda alla ingredienser utom ostronen i en liten kastrull och låt det koka upp. Låt svalna. Häll blandningen i en låg, vid form och frys över natten. Öppna ostronen. Skrapa upp frostig granité och klicka den på ostronen precis innan servering.

Ljummen sallad på stekt lax med västerbottensdressing

En matig, ljummen sallad som funkar som både lunch och middag. Njut ett glas sauvignon blanc till. De syrliga tonerna i vinet passar bra med det salta från osten och syran i dressingen. På Nya Zeeland görs många goda viner på denna druva så varför inte leta bland viner därifrån?

4 portioner

400 g fin laxfilé, gärna s.k. salmalax
2 msk smör
1 paket (250 g) frysta skalade sojabönor
1 knippe grön sparris
1 avokado
1 hjärtsalladshuvud (sweet gem)
flingsalt och nymald svartpeppar

VÄSTERBOTTENSDRESSING

1 tsk grov sötstark senap
1/2 pressad citron
1/2 dl olivolja
3 msk crème fraiche
50 g riven västerbottensost

Skär laxen i portionsbitar och salta och peppra dem noga. Hetta upp hälften av smöret och stek laxen mycket hastigt på båda sidor. Den ska ha en rå kärna i mitten. Ställ åt sidan.

Tillaga bönorna genom att fräsa dem i resten av smöret i en kastrull ett par minuter. Salta lätt. Skär bort den nedersta, torra delen av sparrisen och dela sedan stjälkarna i tre delar tvärsöver. Förväll dem 2-3 minuter i lättsaltat vatten och spola dem sedan i iskallt vatten. Dela, kärna ur och skala avokadon. Skär den i klyftor. Bryt bladen från salladen och lägg dem i en stor skål. Ta fram en annan stor skål till dressingen och lägg i senap och pressad citron. Vispa ihop och häll i oljan i en fin stråle under fortsatt vispning. Rör i crème fraichen och vispa samman till en homogen dressing. Vänd i osten.

Skeda lite av dressingen över sallatsbladen och vänd om försiktigt. Fördela bladen på tallrikarna. Lägg på bönor, sparris och avokado, toppa med laxen och salta och peppra. Bjud resten av dressingen till.

Tomat-tarte tatin

Ät tarten avsvalnad med bara händerna till ett glas friskt och fräscht vitt vin, viner på sauvignon blanc passar bra. De söta tonerna från socker, rostad tomat och balsamico funkar extra bra tillsammans med ett sauvignon blanc från lite varmare distrikt. Hellre Nya världen än Frankrike alltså.

6-8 små portioner

- 1 kylt smördegsark
- 500 g små plommontomater
- 4 vitlöksklyftor
- 2 msk olivolja
- 1 msk ekologisk crema di balsamico
- 2 tsk torkade provensalska örter
- 1 nypa socker
- flingsalt och nymald svartpeppar
- lite färsk timjan till dekoration

Sätt ugnen på 200 grader. Ta fram en gjutjärnspanna som tål ugnsvärme. Börja med att skära ut en cirkel av smördegen som är lika stor som pannan.

Skala vitlöksklyftorna och halvera dem på längden. Hetta upp oljan i pannan och fräs vitlöken hastigt så att den får lite färg. Ta upp vitlöken och lägg den åt sidan. Lägg tomaterna i pannan och låt dem fräsa cirka 1 minut. Häll på balsamico, örter, lite socker och rejält med salt och peppar. Fördela de frästa vitlöksklyftorna över. Ta pannan från värmen och lägg på smördegslocket. Tryck ner kanterna längs pannans insida och stick små hål med en vass kniv här och där. Grädda i ugnen cirka 15 minuter tills degen fått fin färg. Ta ut pannan och låt den svalna cirka 10 minuter. Om det bildats mycket vätska från tomaterna så försök att hälla bort det mesta.

Sätt en stor tallrik ovanpå och vänd hastigt upp och ner. Garnera med timjan och strö eventuellt över lite flingsalt.

Riesling

Riesling har alltid varit ett etablerat begrepp i vinvärlden, men dess rykte har gått upp och ner. De vita vinerna från Mosel och Rhen var länge lika eftertraktade som de röda vinerna från Bordeaux. Tyskarna gjorde sedan sig själva en otjänst genom att marknadsföra de halvtorra varianterna. De buteljerades i spektakulära flaskor och drog ner kvalitetsuppfattningen om druvan och myntade ord som "pratvin", "tantvin" och "nybörjarvin". Men nu har något hänt! Riesling har blivit mer och mer populär och man börjar prata om en efterföljare till chardonnay. Den kommer aldrig att få lika stor spridning och bli en volymdruva som chardonnay eftersom den inte går att odla var som helst, men när det gäller kvalitetsviner är riesling en stark kandidat att efterträda chardonnay.

De flesta som hör namnet riesling tänker nog på Tyskland och Alsace i Frankrike. Inte så konstigt då druvan har sitt ursprung i Johannisberg i sydvästra Tyskland och Alsace vid ett flertal tillfällen har tillhört Tyskland. Länge fanns viner på riesling bara där, men idag finns riesling även i Österrike, Italien, USA, Australien, Nya Zeeland, Sydafrika och Östeuropa. Kanske är rieslingvinerna från Tyskland, Alsace och Österrike de bästa, men druvan har i likhet med cabernet sauvignon en förmåga att ge bra viner överallt där den odlas, utan att tappa sin egen identitet. Rieslingdruvan är också känd för att anpassa sig till odlingsstället och jordmånen och förmedla detta i vinerna.

Riesling har en utpräglad smak och är ganska lätt att lära sig att känna igen i en blindprovning. Det är dock långt ifrån alla som gillar riesling, man måste träna lite på smaken. Men gör det – det är absolut värt mödan! Smaken upplevs ofta till en början som lite udda men man inser snart vilka utsökta viner denna druva kan ge. Så håll utkik efter och lär er att uppskatta rieslingdruvan, men var lite på er vakt. Undvik namn som lazki rizling och welschriesling med flera om ni är ute efter den äkta varan.

HUR BLIR VINERNA OCH VAR KOMMER DE IFRÅN?

Rieslingdruvan trivs i ett svalt klimat och såväl rankan som druvan är anpassade för detta. Rankan är väldigt stark, den är tålig mot sjukdomar och skadedjur och mycket härdig mot köld. Därför är den stor i Tyskland, Alsace och Österrike. När den odlas i andra, generellt betydligt varmare länder söker man upp svalare mikroklimat, gärna på hög höjd eller nära havet. På södra halvklotet odlas den så långt söderut som möjligt, Sydön i Nya Zeeland har till exempel visat sig lämplig för denna druva.

Rieslingvinerna varierar i smak beroende på var de är tillverkade och man hittar ett brett spektrum av smaktyper på marknaden. I Tyskland finns såväl krispigt supertorra varianter som halvtorra och halvsöta. I Alsace är de oftast torra men med en generös fruktsötma och i Nya världen nästan alltid torra. Riesling är dessutom en druva som lämpar sig bra för ädelrötade (botrytiserade) dessertviner.

Doften och smaken är ofta aromatisk och har hög syrlighet. Fruktsötma och restsötma är vanligt liksom dofter och smaker av honung, aprikos, citrus och äpple. Om vinet lagras, vilket är fallet för de flesta rieslingviner, framträder den karakteristiska petroleumdoften. Lite bensin helt enkelt, och absolut godare än det låter. Vinerna från Tyskland och Alsace är ofta lite mer citrusbetonade och mineraliga i karaktären medan vinerna från lite varmare klimat blir mer moget fruktiga i smaken.

Fruktsötma är en vinterm som används för att beskriva ett vin som upplevs lite sött i både doft och smak men som är helt torrt. Med andra ord har vinet ingen restsötma (socker kvar i vinet) men det upplevs så. Doften är moget fruktig och i munnen kan vinet ofta upplevas lätt sött, men när man har svalt känner man att det är helt torrt. Fruktsötman i vinet kommer av att druvorna har haft lång växtperiod och fått mogna ordentligt.

ATT KOMBINERA RIESLING MED MAT

Rieslingviner är riktigt goda matviner! Men de funkar inte bara till mat, beroende på vilken sorts rieslingvin du väljer kan de också vara perfekta som aperitif eller som "pratvin".

Vi börjar med de torra varianterna, som är vanligast i Alsace men som nu också kommer på bred front i Tyskland och i Nya världen. De har ofta en hög friskhet och passar därför till antingen salt eller syrlig mat. Både sältan i till exempel ett ostron och syrligheten i en limesås gör att syran i vinet mildras och vinupplevelsen blir mjukare och godare. Många av dessa viner är också bra som aperitif, den höga syrligheten sätter igång hungern och salivproduktionen och gör kroppen redo för mat. Viner med väldigt hög syra kan behöva ett tilltugg som mildrar.

Nästa variant är de halvtorra eller halvsöta varianterna. De kommer vanligtvis från Tyskland men finns också i Alsace. Dessa viner är riktigt roliga att kombinera med mat, speciellt med tanke på att de i vinkretsar inte alltid är helt accepterade. De snälla kallar dem "pratviner", andra, mer osofistikerade tungor, kallar dem "tantviner". Och visst funkar vinet både till tanter och till prat men också till en av mat- och vinkombinationernas absolut roligaste kombination – sötma och hetta! Servera ett sött vin till stark mat och det söta vinet kommer att upplevas som torrt samtidigt som hettan mildras. Det är roligt att chocka halvtorrtvin-nejsägare med en sådan kombination.

Den oljiga och aromatiska karaktären gör också halvtorra viner till en bra följeslagare till rökt mat, exempelvis lax och ål. Båda dessa råvaror är dessutom ganska feta vilket passar bra tillsammans med vinets höga friskhet.

Eftersom variationen av rieslingviner är så stor varierar naturligtvis användningsområdena. Fisk och skaldjur känns kanske mest naturligt, men vinet passar även med ljust kött och ljus fågel. Kanske är ett rieslingvin allra godast till "modern" mat som ofta innehåller sötma, syra och hetta – precis som vinerna.

Stekta pilgrimsmusslor
med pata negra på blomkålspuré med rostad vitlök

Lyxig förrätt som är både rustik och elegant. Pata negran kan du byta ut mot annan lufttorkad skinka om du vill. Här blandas härlig krämighet från purén med salta toner från både musslor och skinka. Ett smakrikt och elegant vin med frisk syrlighet blir perfekt, en riesling från Alsace till exempel.

4 portioner

8 pilgrimsmusslor
2 skivor pata negra-skinka
1 msk olivolja
flingsalt och nymald svartpeppar
1 msk pistagemandlar

ROSTAD VITLÖK
3 vitlöksklyftor
1/2 dl olivolja

BLOMKÅLSPURÉ
250 g blomkål
2 dl vispgrädde
1/2 msk koncentrerad kycklingfond
lite salt och nymald vitpeppar

Pilgrimsmusslor: Låt musslorna tina på hushållspapper i kylen om de är frysta. Ta bort eventuell romsäck. Klappa dem torra med hushållspapper.

Skär åtta långa strimlor av skinkan och linda dem runt musslorna. Stek dem hastigt i oljan, cirka 2 minuter på varje sida. Salta och peppra. Låt dem ligga kvar i pannan medan du gör resten.

Hacka pistagemandeln grovt.

Rostad vitlök: Skala vitlöken och hacka den grovt. Hetta upp oljan i en liten kastrull och lägg i vitlöken. Den ska bara hastigt bli gyllenbrun, sedan måste du snabbt ta upp den med en sked eller liten hålslev för att den inte ska bli bitter. Lägg åt sidan och spar oljan.

Blomkålspuré: Skär bort rotstocken och dela blomkålen i små bitar. Häll grädden och fonden i en vid kastrull och lägg i blomkålen. Lägg på lock och låt sjuda under lock på svag värme tills kålen är mjuk, det tar cirka 10 minuter. Mixa till en puré tillsammans med den rostade vitlöken och smaka av med salt och peppar.

Lägg upp en klick puré på varje tallrik, lägg musslorna ovanpå och garnera med hackad pistagemandel. Droppa lite av den goda oljan från vitlöken över och strö på lite salt och peppar. Servera genast.

Melongazpacho med sesamstekta tortillasnittar

Härlig sommarförrätt med både sötma, hetta och sälta. Plocka fram en halvtorr tysk riesling som inte är alltför söt och känn hur sötman i vinet upplevs mindre tillsammans med den söta maten och hur det heta i rätten samtidigt "trollas" bort. Även om de halvtorra tyska rieslingvinerna har sötma har de också ofta en limeaktig syrlighet som passar med syran i maten.

4 portioner

2,4 kg (ca 4 små) kylda galiameloner
2 salladslökar
1/2 kruka mynta
1/2 kruka koriander
1 liten chilifrukt
1 näve is
1 lime
1 krm salt
grön tabasco

SESAMSTEKTA TORTILLASNITTAR

1 tortillabröd av majs
1 msk olivolja
1 msk sesamfrö
flingsalt

Dela och kärna ur melonerna. Gröp ur fruktköttet i en matberedare eller mixer och mixa slätt. Strimla salladslökarna grovt tvärsöver och lägg dem i matberedaren tillsammans med myntan och koriandern. Dela chilin på längden och skrapa ur kärnor och fröfästen med en liten sked. Hacka chilin grovt och tillsätt den och isen och kör maskinen ett par varv till. Skär hälften av limen i fyra skivor och pressa resten i gazpachon. Smaka av med salt och lite grön tabasco. Servera genast, gärna i fina glas och tillsammans med tortillasnittarna. Dekorera med limeskivor.

Tortillasnittar

Riv eller skär ett par centimeter breda remsor av brödet och stek dem hastigt på båda sidor i lite olja. Strö på sesamfrön och salt.

Kycklingkorma

Indisk kycklingrätt med mild smak som passar utmärkt med en kall riesling. I denna rätt blandas sötma med hetta och dessutom finns en hel del syra. Gott till blir ett vin med liknande karaktär. Välj gärna en riesling från Nya världen som är torr men som bjuder på solmogen sötfruktighet.

4 portioner

1 1/2 kg kycklingdelar med ben och skinn, t.ex. lår och ben
2 msk olivolja
1 burk ekologisk kokosmjölk, 400 ml
5 dl stark ekologisk kycklingbuljong
2 dl matyoghurt, 10 %
1 nypa socker
salt och nymald svartpeppar

KRYDDPASTA

1 vitlök solo, alt. 3 vitlöksklyftor
1 tumstor bit färsk ingefära
1 chilifrukt
1 tsk kardemummakärnor
2 tsk korianderfrö
1 tsk kryddnejlikor
1 msk flingsalt
1/2 dl olivolja
1 kanelstång
2 tsk gurkmeja
2 msk garam masala

TILL DEKORATION

50 g sötmandel, skållad och skalad
1 chilifrukt
1 kruka koriander
1 lime

TILL SERVERING

Gärna basmatiris och lätt stekta grönsaker, exempelvis gröna bönor

Skala och riv vitlök och ingefära. Dela chilifrukten på längden och skrapa ur kärnor och fröfästen med en liten sked. Hacka chilin fint och ställ den åt sidan. Lägg kardemummakärnor, korianderfrön och nejlikor i en torr panna och rosta dem ett par minuter tills det doftar underbart. Lägg det sedan i en stor mortel tillsammans med saltet och stöt alltsammans fint. Hetta upp oljan och fräs vitlök, ingefära och chili hastigt utan att det bränns. Häll i kryddblandningen och fräs ihop allt ett par minuter. Rör då och då och se till att det inte bränns. Lägg i kanelstången, gurkmejan och garam masalan och fräs ytterligare någon minut. Tag upp och ställ åt sidan. Bryn kycklingdelarna i lite olja i samma panna (du behöver inte diska den) så att de får vacker färg. Salta och peppra.

Häll kryddblandningen i en stor gryta och häll i kokosmjölken och buljongen och rör om. Lägg i kycklingen och lägg på ett lock. Låt sjuda i cirka 30 minuter. Ta upp kycklingen och lägg den åt sidan. Låt såsen koka ner till hälften på hög värme utan lock. Vispa i yoghurten och smaka av med socker, salt och peppar.

Rosta mandlarna i en torr panna och garnera med dem, tunt skivad chili och massor av koriander. Skär limen i klyftor och bjud till.

Grüner veltliner

Grüner veltliner hittar man, med undantag för några odlingar i östeuropeiska länder och på Nya Zeeland, bara i Österrike. Då den inte tillhör våra vanligaste druvor platsar den kanske egentligen inte i denna bok – men eftersom den är en av mina absoluta favoritdruvor och det är jag som skriver boken och får bestämma är den med i alla fall. Har du inte testat den är det definitivt dags, annars missar du en av vinvärldens godaste vitvinsdruvor och många av mina favoritviner.

Kanske reagerar du redan här: Österrike, bra viner? Kanske minns du glykolskandalen som gjorde ett stort hål i Österrikes vinexport 1985. Men sedan dess har det hänt massor, och en hel del har vi faktiskt just denna skandal att tacka för. Österrike tvingades höja kvaliteten och sänka priserna för att återupprätta förtroendet. Försvann gjorde de oseriösa klipparna och kvar stannade de seriösa och de fick möjlighet att börja om från början, att lägga grunden till ett nytt vinland. Vinlagstiftningen skärptes också kraftfullt efter 1985 och fick större fokus på kvalitet. Resultatet av allt detta har vi idag facit på – Österrike anses av många som en av ledarna för fina vita viner, inte bara i Europa utan i hela världen. Lite ironiskt är det hela dock, för samtidigt som Österrike idag räknas som ett nästan nytt och otroligt modernt vinland är det ett av de länder som har den äldsta vinkulturen i Europa.

Primärt är det druvsorten riesling som har genererat Österrikes goda rykte – men ju längre tiden gått desto mer har man börjat prata om landets inhemska druva grüner veltliner. Anledningen till att grüner veltliner tidigare hamnade i skuggan av riesling var att den då var en volymdruva, den gav stora skördar och därigenom ett ganska enkelt vin. Men ju mer man förstod sig på druvan började man, påhejad av en ny generation kvalitetsinriktade vinmakare, begränsa skördeuttaget. Och därigenom kom också kvaliteten.

I en allt mer globaliserad vinvärld, där man kan hitta fler och fler druvor var som helst i världen, är det kul med de unika. Inte för att jag egentligen skulle ha något emot om andra länder började göra goda viner på grüner veltliner, men det är roligt att det fortfarande finns kvar landsunika smaker.

Det är lika bra att vi tar det där med uttalet också. Ni som har gjort er tyskaläxa i skolan tror nog att v:et ska uttalas som ett f – ”feltliner”. Men i Österrike uttalas druvan med ett v – alltså precis som det stavas.

Grüner veltliner odlas på mer än en tredjedel av Österrikes odlingsareal, så smakvariationerna är stora. Från blaskiga, enkla och lätta viner som ska konsumeras med en gång till fylliga, smakrika viner med lagringspotential. Druvan återfinns i landets alla vinområden men är något vanligare ju längre norröver man kommer. Här i norr hittar vi också de regioner där druvan presterar bäst och som anses finast – vinregionerna strax nordväst om Wien som går under samlingsnamnet Niederösterreich, med namn som Kamptal, Kremstal och framförallt Wachau.

Låt oss ägna några rader åt Wachau, som anses vara kvalitetsområdet nummer ett för Österrikes vita viner. Detta är landets mest nordvästliga vin-

region och från de branta, utgrävda, terrasserade sluttningar som löper längs med floden Donau hittar vi några av landets dyraste och mest eftertraktade viner på både riesling och grüner veltliner. Här finns en regionsunik kvalitetsklassning av vinerna: steinfeder, federspiel och smaragd. Indelningen bygger på mognadsgrad hos druvan vid skörd. Steinfeder är lättare viner med en alkoholhalt på maximalt 11 %, gjorda för att drickas unga. Namnet kommer från det tunna, i vinden vaggande gräs som växer på kullarna. Federspiel är lite kraftfullare viner med en alkoholhalt mellan 11,5 och 12,5 % och med större fruktkoncentration. Namnet härstammar från regionens traditionella falkjakt. Sist ut är smaragd som är den högsta klassen. Den skulle kunna jämföras med "grand cru" i franska termer. Det är koncentrerade, smakrika viner med en alkoholhalt över 12,5 % som tål att lagras i över 10 år. Namnet kommer från de smaragdgröna ödlorna som trivs på de soldränkta, steniga sluttningarna.

Vinproduktionen i Österrike är inte särskilt stor. Där finns ett fåtal större vingårdar men de flesta odlingar är mindre, privata egendomar. Många av vinerna görs med kvalitetsinriktning och på gammalt vis med handkraft vilket ofta märks på priset. Ett bra österrikiskt vin är, om man ser till kvaliteten, trots detta inte särskilt dyrt.

Många gånger gör man jämförelser mellan Österrike och Tyskland – inte bara vad gäller klimat och druvor utan även gällande vinlagstiftning. Och visst finns vissa likheter, men faktum är att Österrike idag mer än någonsin tidigare är en vinnation med tydlig egen karaktär på vinerna. Här finns mycket gott, spännande, "nytt" och roligt att upptäcka.

UTSEENDE, DOFT OCH SMAK

Lite förenklat kan man jämföra viner på grüner veltliner med viner på riesling. Druvorna delar den där kombinationen av sötfruktighet och syrlighet. Riesling drar dock mer åt aprikos och har en tydligare unkenhet som oftast brukar liknas vid doften och smaken av petroleum medan grüner veltliner har mer av päronläskande fruktighet och en tydlig doft av vitpeppar. Och medan riesling kan utveckla en otroligt generös smakrikedom spelar grüner veltliner ofta i den lite lättare ligan. För båda druvorna gäller dock, och för Österrike som vinland i allmänhet, att den höga friska syrligheten är utmärkande. Det beror delvis på druvan men också på det svala klimatet som länderna delar, även om Österrike generellt är lite varmare än Tyskland. Den tydliga och höga syrligheten i grüner veltliner kan variera från vass citronsyrlighet via den något rundare grapeaktiga syrligheten till mer sötfruktig limesyrlighet.

Men som sagt, variationen är stor. Allt ifrån ljusa, lätt grönskimrande viner utan nämnvärd smak som ska drickas unga till alkoholstarkare, smakrikare och mer komplexa viner som kan lagras.

ATT KOMBINERA GRÜNER VELTLINER MED MAT

Druvan grüner veltliner har tre tongivande egenskaper: sval, fräsch syrlighet, lätt sötfruktiga pärontoner och vitpepparkaraktär. Det är i huvudsak dessa egenskaper som vi ska basera vårt matval på och då inte minst just syrligheten. Bra till är därmed rätter som antingen har någon typ av syra eller sälta i sig. Båda dessa egenskaper minskar upplevelsen av syran i vinet och gör det hela till en rundare och mjukare smakupplevelse.

Ett annat mycket bra användningsområde för dessa viner är som uppfriskande drinkviner. Just den där kombinationen av läskande päronsötma och friskhet gör att vinet passar ypperligt som aperitif. Servera gärna lite salta eller syrliga drinktilltugg till, kanske lite lufttorkad skinka eller något så enkelt som lättsaltade chips.

Apropå Österrike och det där med mat och vin – det finns ett bra exempel. Varför tror ni att man serverar citron på schnitzeln? För att det är snyggt? Eller kan det vara för att 90 % av Österrikes vinproduktion är vitt vin? Genom att lägga en citronskiva på köttet blir maträtten mer vitvinsvänlig, eftersom syran som citronen adderar i rätten då gör att det syrliga vita vinet som serveras till upplevs mindre syrligt och mer smak kommer fram.

Rotsellerisoppa med salt strössel

Soppan kan serveras som förrätt ur en kopp eller som en lättare lunch. Som förrätt räcker den till cirka åtta portioner. Soppa är inte alltid helt lätt att dricka vin till - det är någonting med två flytande konsistenser samtidigt som ställer till det. Lösningen brukar vara att hitta ett vin med lite sötfruktighet, dessutom är det bra med ett vin med pigg syra eftersom det finns sälta i rätten från osten. En grüner veltliner blir perfekt till.

4-6 portioner

600 g rotselleri
1 stor gul lök
25 g smör eller 3 msk olivolja till stekning
2 dl torrt vitt vin
1 liter stark ekologisk kycklingbuljong
2 dl vispgrädde
salt och nymald svartpeppar

SALT STRÖSSEL
4 skivor flatrökt skinka
1 liten bit vitt robust bröd
1 msk olivolja till stekning
3 msk pumpafrö
25 g grovriven pecorinoost

Soppa: Skala rotsellerin och skär den i grova bitar. Skala löken och hacka den grovt. Hetta upp smöret eller oljan i en gryta som rymmer cirka 3 liter och fräs löken glansig utan att den tar färg. Lägg i rotsellerin och rör om. Häll i vinet och låt allt fräsa ihop ett par minuter. Tillsätt buljongen och låt sedan soppan sjuda utan lock i cirka 40 minuter tills rotsellerin är mjuk och en del av buljongen har kokat bort. Mixa slätt i en mixer eller med mixerstav. Häll tillbaka purén i kastrullen. Späd med grädden och smaka av med salt och peppar. Är soppan för tjock kan du späda med lite mer buljong och justera kryddningen därefter. Servera soppan med strösslet.

Strössel: Sätt ugnen på 175 grader. Lägg skinkan i en teflonform eller på en bakplåtspappersklädd plåt och låt den torka i ugnen i cirka 15 minuter tills den är spröd och går att smula sönder. Ta ur inkråmet ur brödet och smula det smått så att du får cirka 1 deciliter smulor. Stek smulorna hastigt i lite olivolja. Lägg med pumpakärnorna på slutet och salta lätt. Låt svalna.

Smula sönder skinkan och blanda den med bröd- och pumpasmulet. Riv osten och blanda i den när det övriga har svalnat helt. Strö strösslet över soppan och servera.

l'Italia: basta co
I nuovi sistemi di intrusione dig
Il software d
ecco le por
Corriere della Sera

Friterade bläckfiskringar med rökt paprikaaioli

Ett krispigt tillbehör till en grüner veltliner är helt rätt en varm sommareftermiddag. Du behöver ingen fritös, en stadig gryta räcker. En enklare grüner veltliner med frisk syrlighet och päron-äpplig fruktighet blir god till.

4 portioner

300 g bläckfiskringar
1 liter frityrolja
salt

FRITYRSMET

2 dl vetemjöl
1 krm salt
1 äggula
2 dl ljust öl

Lägg bläckfiskringarna på hushållspapper och klappa dem torra med pappret.

Gör frityrsmeten genom att vispa ihop mjöl, salt och äggula. Späd med ölet till en klumpfri smet. Hetta upp oljan till 175 grader. Mät med termometer eller lägg i en brödbit, när den snabbt blir gyllengul är det klart att fritera. Doppa ringarna i frityrsmeten och fritera några åt gången. Låt rinna av på hushållspapper. Salta generöst och servera direkt.

Wienerschnitzel med klassiska tillbehör

En inte så sällan misshandlad rätt, men gjord på finaste kalvinnanlår och med det japanska krispiga ströbrödet panko får den upprättelse. Vitt vin till kött är ingen konstighet. Tillbehören - syrlig citron, salt kapris och syrlig majonnäs - gör rätten vitvinsvänlig. Det skadar dock inte att vinet är av det mer smakrika slaget. Titta gärna efter beteckningen "smaragd" på viner från Wachau eller testa de lite dyrare vinerna från andra områden.

4-6 portioner

4 skivor kalvinnanlår, ca 125 g styck
1 dl vetemjöl
2 krm salt
2 uppvispade ägg
2 dl panko (japanskt ströbröd), alt. vanligt ströbröd
smör till stekning

TILLBEHÖR

4 skivor citron
8 ansjovisfiléer
4 msk kapris

CITRONMAJONNÄS

2 äggulor
2 tsk fransk senap
1 msk pressad ekologisk citron + 1 msk finrivet skal
2 dl neutral olja, t.ex. av raps
1 krm salt
1/2 krm nymalen vitpeppar

UGNS-POMMES FRITES

700 g mjölig potatis
2 msk olivolja
2 tsk flingsalt

Ugns-pommes frites: Sätt ugnen på 225 grader. Tvätta potatisen och skär den i centimetertjocka stavar. Lägg dem i en ugnsform, ringla över oljan och blanda runt. Rosta cirka 20-25 minuter tills de får fin färg. Salta.

Citronmajonnäs: Se till att alla ingredienser är rumstempererade. Lägg äggulor, senap, citronsaft och -skal i en mixer eller stor skål. Mixa med mixerstav eller vispa kraftigt med ballongvisp medan du häller i oljan, först droppvis och sedan i en tunn stråle under konstant mixning eller vispning tills du får en tjock majonnäs. Smaka av med salt och peppar.

Schnitzel och tillbehör: Börja med tillbehören. Skär fyra skivor av citronen. Lägg två ansjovisfiléer som en ring på varje citronskiva och lägg kapris i mitten.

Häll upp mjöl på en tallrik och blanda i saltet. Vispa upp äggen i en vid form eller djup tallrik och häll pankon på en tallrik. Banka ut köttet lite mellan två smörpapper med botten av en stekpanna. Vänd det sedan först i mjölet, sedan i ägget och till sist i pankon. Hetta upp en rejäl klick smör i en stor panna och stek schnitzlarna på medelvärme, två åt gången, 2-3 minuter på var sida. Akta så att du inte bränner paneringen.

Garnera med tillbehören och bjud pommes fritesen och citronmajonnäsen till.

Pinot gris

Pinot gris – eller grauer burgunder, pinot grigio, ruländer eller malvoisie, listan kan göras lång – odlas i många länder, därav de många olika namnen. Sitt ursprung har den förmodligen i Bourgogne i Frankrike men den har sedan spridits i Europa och odlas idag i såväl Frankrike som Italien, Tyskland, Schweiz, Österrike och hela Östeuropa. Trots att druvan anses som relativt kvalitativ och trots dess stora spridning i Europa har den faktiskt ännu inte i någon nämnbar utsträckning börjat odlas i Nya världen.

VITT, RÖTT ELLER ROSA

Druvan pinot gris är, som namnet antyder, släkt med den röda druvan pinot noir, en spontan förändring i arvsmassan hos pinot noir har skapat den egna druvsorten pinot gris. ”Gris” betyder grå på franska och att druvans namn har med färg att göra är inte alls konstigt. Färgen är nämligen den mest uppseendeväckande egenskapen hos pinot gris – den varierar. Druvans skal kan vara allt från brunrosa till gråblå. Ibland är skalet till och med vitt eller rentav svart. Hela detta färgspektrum kan ibland återfinnas på en och samma druvklase. Vinet blir dock oftast vitt även om en del viner på pinot gris, framförallt från Italien och Schweiz, kan vara ljust röda.

ALSACE

Även om druvan härstammar från Bourgogne, och den inte alls odlas så mycket i Frankrike som i vissa andra länder, är Alsace i nordöstra Frankrike dess högsäte. Det är, i mitt tycke, härifrån som de allra bästa och mest karakteristiska vinerna på druvan kommer. Idag står det tydligt på etiketterna: pinot gris. Tidigare var det dock vanligt med andra namn såsom tokay, Tokay d'Alsace eller tokay pinot gris. Anledningen till dessa namn är druvans väg genom Europa innan den hamnade i Alsace. Förmodligen togs den på 1300-talet från Bourgogne till Ungern och odlades där under namnet szürkebarat. 200 år senare tros den ha tagits tillbaka till Frankrike. Den planterades i Alsace och fick då namnet tokay, döpt efter Ungerns mest kända vin. Komplicerat och missledande, då det ungerska vinet tokaji inte alls görs på pinot gris, utan på druvsorterna furmint och hárslevelü. Som ett resultat av Europas vinlagstiftning, med målet att skydda ursprung och undvika renommésnyltning, är alla dessa förvirrande namn idag borta.

FRANKRIKE KONTRA TYSKLAND

Alsace, som ligger på gränsen till Tyskland och vid två tillfällen också har tillhört detta land, har av naturliga skäl en väldig blandkultur. Detta gäller såväl språk som mattraditioner, namn och druvor. Men däremot inte vinstilar. När de tyska vinerna karakteriseras av elegant, fruktig sötma i balans med hög syrlighet, strävar man i Alsace efter helt torra viner med stor fyllig mognad. Även om vinerna i Alsace är helt torra så doftar de ofta sötmoget. Detta fenomen brukar kallas fruktsötma och är mycket typiskt för viner från Alsace. Man kan göra en jämförelse med våra svenska jordgubbar. Vi har mindre sol än till exempel Spanien, men eftersom växtsäsongen är lång mognar frukterna långsamt och får rik fruktsötma.

Även namnet på druvan skiljer sig åt mellan länderna, i Tyskland kallas den för ruländer eller grauer burgunder.

Pinot gris används i Alsace inte bara till torra viner utan också, liksom riesling och gewürztraminer, till de mycket beryktade, svåråtkomliga och fantastiskt goda vinerna vendange tardive och sélection des grains nobles. Vendange tardive, som betyder ”sen skörd” och motsvarar Tysklands kvalitetsbeteckning spätlese, är alltid otroligt mogna och packade med frukt. De blir feta och smakar mycket honung. De är oftast torra men kan vara halvtorra till halvsöta i smaken och ha fruktsötma i doften. Sélection des grains nobles betyder ”urval av förnäma (övermogna) druvor” och har sin tyska motsvarighet i beerenauslese. Dessa viner är söta och har en explosiv, exotisk parfymighet och en otrolig smaklängd.

ITALIEN

I Italien går druvan under namnet pinot grigio och för de flesta vindrickare är nog detta namn mer känt än dess riktiga, franska namn. Den odlas mest i de nordöstra delarna av landet och speciellt i området Friuli.

Pinot gris är en lite känslig druva att odla. Syran i druvorna försvinner mycket fort om man skördar för sent. Utan syra blir vinet platt, jolmigt och känns klumpigt. I Italien, där man har ett relativt varmt klimat, är man mycket rädd för detta och skördar därför ofta lite för tidigt. Druvan mister då mycket av sin karakteristiska arom vilket bidrar till att en pinot grigio från Italien kan skilja sig oerhört från en pinot gris från Alsace. De är lättare, friskare och oftast helt utan de aromer som är så karakteristiska i alsacevinerna.

VINET OCH DESS KARAKTÄR

Viner på pinot gris kan alltså variera väldigt, från extremt torra och lätta till söta och fylliga, från mycket enkla till fantastiskt goda.

Något förenklat hittar vi de torra och lätta vinerna på druvan i Italien, medan de fylligare vinerna, som ibland även har lite sötma, kommer från Alsace eller Tyskland. Då dessa viner är mer lämpade för mat, och roligare att kombinera med mat än de förstnämnda, är det dessa vi koncentrerar oss på här.

Trots färgen på skalen är som sagt vinet oftast ”vitt”, eller snarare guldgult. Vinet har mestadels en relativt kraftfull färg och doften är oftast fyllig, lätt honungssöt och med lite kryddighet och blommighet. Pinot gris har inte så hög syra så den kan ibland upplevas som lite platt och i värsta fall jolmig. Vad den däremot ofta har är ganska hög alkoholhalt. Smaken är oftast fyllig och flera av doftförnimmelserna kommer igen: honung, kryddighet och blommighet.

Jag brukar kalla pinot gris för Alsaces ”allroundvin”. Det har inte syran som vinerna gjorda på riesling, och det har inte den extrema blommighet som vinerna gjorda på gewürztraminer, men det har den lätta kryddigheten och fruktsötman som är så typisk för Alsace. Ett i mitt tycke utmärkt matvin som passar till mycket.

TILL VAD SERVERAR VI PINOT GRIS?

De lättare vinerna på pinot gris från till exempel Italien är utmärkta som aperitif eller till mycket lätta rätter. En pasta med inte alltför smakrika skaldjur kan sitta fint. Glöm dock inte att beakta syran/friskheten i vinet. Är den hög kan det vara en god idé att ha lite syra i maträtten, kanske lite citron, eftersom det dämpar den syrliga smaken i vinet.

Till pinot gris-vinerna från Alsace är lite kraftigare mat att rekommendera och inte nödvändigtvis bara fisk, lättare kött eller fågel kan också passa. En lagrad hårdost kan också passa bra. Dessutom är det ett mycket bra allroundvin till ost i allmänhet.

Viner på pinot gris med liten restsötma eller mycket fruktsötma, som man ofta hittar i Alsace eller Tyskland, kan också vara mycket goda till asiatisk mat, det vill säga mat med hetta, sötma och syra. Pinot gris-vinerna funkar dessutom väldigt bra till gräddiga soppor, till exempel kantarell- eller hummersoppa, som det många gånger kan vara svårt att hitta vin till.

De mycket ovanliga och dyra vinerna vendange tardive och sélection des grains nobles är ett klassiskt val till den alsassiska delikatessen ank- eller gåslever. Supergott och ett mycket bra exempel på hur mat och vin kan kombineras till ljuv förening!

Sandsoppssoppa med taleggio

Självklart kan du använda annan svamp än sandsopp. Jag föredrar torkad svamp, då kommer den koncentrerade kryddiga smaken fram. En bit krämig taleggio och några droppar tryffelolja sätter lyxkant på soppan. Soppa och vin kan vara knepigt, det är lätt hänt att det skär sig i munnen. Bäst brukar det bli med ett lite sötfruktigt vin - precis det vi hittar i en pinot gris från Alsace.

4 portioner

50 g torkad sandsopp,
  alt. 500 g färsk
  (eller använd den svamp du tycker om)
1 gul lök
2 msk smör
1 dl torrt vitt vin
2 dl svampspad
5 dl stark ekologisk kycklingbuljong
1 msk färsk hackad timjan,
  alt. 1 tsk torkad
2 dl vispgrädde
1/2 tsk strösocker
1/2-1 tsk salt
nymald svartpeppar

TILL SERVERING

100 g taleggio
tryffelolja, alt. god olivolja
färsk timjan
nymald svartpeppar

Lägg svampen i en skål och fyll på med kallt vatten så att det täcker. Låt stå i 15-20 minuter tills svampen är mjuk. Sila bort spadet och spar 2 deciliter av det.

Hacka löken och fräs den i smöret i en stor vid kastrull utan att den tar färg. Tillsätt svampen och låt den fräsa med på medelvärme i cirka 5 minuter. Häll i vinet och låt det koka ner till hälften. Tillsätt svampspad, buljong och timjan och låt sjuda utan lock i 15 minuter. Mixa soppan slät i mixer eller med stavmixer. Häll i grädden och hetta upp. Smaka av med socker, salt och peppar. Soppan ska vara ganska salt och ha en stark, koncentrerad svampsmak.

Servera med en bit taleggio i varje skål, några droppar tryffelolja och en timjankvist. Låt pepparkvarnen gå runt.

Rökt lax med citrussalsa och korianderdressing

En färgstark förrätt som utöver de rökta tonerna både har sötma, syra och hetta. Till detta behövs ett vin i samma stil, ett vin som alltså både har frisk syra och aprikosaktig fruktsötma. Det sötfruktiga i vinet möter sötman från honung och mango och verkar dessutom lindrande mot hettan, samtidigt som det syrliga i vinet möter de syrliga smakerna i maten.

4 portioner

200 g kallrökt lax i tunna skivor

CITRUSSALSA

1 blodgrapefrukt
1 apelsin
1/2 mango
1/2 avokado
1 salladslök
1 chilifrukt
1 krm salt
nymald svartpeppar

KORIANDERDRESSING

1 kruka koriander
1 tsk pressad lime
1/2 tsk flytande honung
1/2 krm salt
1 dl olivolja

Citrussalsa: Skala grapefrukt, apelsin, mango och avokado och tärna det fint. Strimla salladslöken tvärs över mycket fint. Dela chilin på längden och skrapa ur kärnor och fröfästen med en sked. Finhacka chilin och blanda allt med saltet. Lägg upp laxen och toppa med salsan. Dra ett par varv med pepparkvarnen och droppa över dressingen.

Korianderdressing: Mixa koriandern med de övriga ingredienserna.

Baconlindade pilgrimsmusslor med mango- och myntasallad

Lyxig förrätt som går fort att göra. Du kan gärna använda frysta pilgrimsmusslor, låt dem i så fall tina på hushållspapper i kylen. Salt från musslor och bacon blandas med sött från mango och hetta från chili så här funkar inte vilket vin som helst. En pinot gris med sin både syrliga och aprikosaktiga fruktsötma blir dock perfekt.

4 portioner

4 stora pilgrimsmusslor utan romsäck
4 baconskivor
1 msk olivolja
flingsalt och nymald svartpeppar

MANGO- OCH MYNTASALLAD

1/2 mango
1/2 avokado
1 msk mangobalsamico
1 msk olivolja
1 krm chiliflagor
1 krm flingsalt
3 msk små myntablad

Mango- och myntasallad: Skala mango och avokado och skär i tunna skivor. Blanda mangobalsamico, olja, chiliflagor och salt i en stor skål och vänd ner mango och avokado tillsammans med myntabladen.

Musslor: Klappa musslorna torra med hushållspapper och linda baconet runt dem. Hetta upp oljan i en panna och stek musslorna cirka 3-4 minuter på båda sidor. Salta och peppra efter smak. Dra av pannan och låt musslorna ligga kvar i den ett par minuter.

Servera med salladen, gärna i musselskal om du har det.

Chardonnay

Chardonnay är förmodligen världens mest kända druva. Den är inte störst i volym räknat, men är det någon druva som till och med en öldrickande vinnovis kan nämna är det chardonnay. Den är omåttligt populär och odlas överallt i världen, och den ligger bakom några av vinvärldens finaste och mest uppskattade viner som chablis, bourgogne och delvis champagne. Den har en smak som konsumenterna uppskattar och den är lättarbetad och tacksam för vinproducenten eftersom man kan odla den var som helst och under nästan vilka betingelser som helst. Vinerna blir aldrig riktigt dåliga och med bra förutsättningar blir resultatet suveränt.

Det finns flera teorier om chardonnaydruvans ursprung. Vissa hävdar att den kommer från Mellanöstern, andra att den är en släkting till den röda druvan pinot och ytterligare några att den härstammar från byn Chardonnay i Frankrike. Oavsett vilket måste vi nog utse Bourgogne med subregionerna Chablis och Champagne till dess bas. Så gott som alla vita viner i Bourgogne görs på chardonnay och definitivt alla från Chablis. Och dricker du champagne är nästan alltid åtminstone delar av vinet gjort på chardonnay, enda undantaget är blanc de noir. I de här distrikten anger man dock inte druvan på flaskorna eftersom vinlagarna gör att vi antas känna till vilken eller vilka druvor som använts. Vit bourgogne görs enbart på chardonnay, utom när det står Bourgogne aligoté på etiketten, då är vinet gjort på druvan aligoté, eller saint-bris, då det är sauvignon blanc. Även i Chablis använder man nästan uteslutande chardonnay och i Champagne är det bara tre druvor som får odlas: chardonnay, pinot noir och pinot meunier.

Det är alltså inte otänkbart att du har druckit chardonnay utan att veta om det. Vilket får mig att tänka på en vanlig incident på krogen. Många säger att de inte gillar chardonnay och vill ha ett glas Chablis istället, eller tvärt om. Gör inte det om du vill vara cool, det blottar din okunskap blixtsnabbt.

Spridningen av chardonnay och den röda druvan cabernet sauvignon har gått så långt att många vindrickare har tröttnat på dessa druvor. Det finns en rörelse som heter ABC - Anything But Cardonnay/Cabernet. Termen finns på vinlistor och hos vinodlare och är en ganska vanlig kommentar bland restauranggäster, speciellt i USA.

HUR BLIR VINERNA OCH VAR KOMMER DE IFRÅN?

Chardonnay odlas som sagt över hela världen och varierande växtplatser, klimat och framställningsmetoder påverkar naturligtvis vinerna. Ett femtioniokronorsvin från Australien smakar självklart inte likadant som en bourgogne från Frankrike för

till tyngre tropiska fruktdofter i varmare odlingslägen. Chardonnaydruvan passar väldigt bra ihop med ekfatslagring och på de varmare odlingsplatserna har det länge varit vanligt att ge vinerna ekfatskaraktär. Det ger vinet smöriga, vaniljiga, toffeeliknande och lätt brända toner. Numera är ekfatslagring av chardonnay mindre populärt och i Nya världen har det närmast blivit ett försäljningsargument med "unoaked chardonnay". Vilken jord druvan odlas i har också betydelse för smaken. Kalkhaltiga jordar, som till exempel i Chablis, ger mineraliga karaktärer medan bördiga jordar inte påverkar vinet på samma sätt.

fyra hundra kronor – även om vinerna är gjorda på samma druva. Men det finns också likheter, för trots alla variabler som påverkar ger druvan vinet dess grundkaraktär.

För att lättare kunna diskutera chardonnayvinets doft och smak delar vi in vinerna i två grupper. Dels de lätta, friska och fräscha vinerna utan ekfatslagring från svalare odlingsområden, dels de fylliga, mer tropiskt fruktiga vinerna med ekfatskaraktär. Översätter vi detta till länder och områden hamnar Chablis i Frankrike i den ena änden och de varmare delarna av Nya världen i den andra, och någonstans där mitt emellan hittar vi bland annat vinerna från Bourgogne.

Chardonnayviner från svalare klimat har ofta skarp syra och smaken drar åt omogna, gröna äpplen. Ju varmare klimatet är desto mer smak får vinet. Smaken går från äpple via päron och melon

ATT KOMBINERA CHARDONNAY MED MAT

De friska och fräscha vinerna passar bra till skaldjur och lättare fiskrätter, chablis och skaldjur har alltid varit en klassisk kombination. Anledningen är att den höga syran i vinet och sältan i maten blir mildare och mer njutbara tillsammans än var för sig. Det fungerar också bra att kombinera dessa viner med mat med lite syra i, till exempel pressad citron eller en limesås. Precis som salt har syran en förmåga att tona ner och balansera den höga syran i vinet. En frisk chardonnay passar också bra som aperitif, den fräscha syran sätter genast igång matsmältningen och man blir hungrig. De fylligare chardonnayvinerna kräver mer smakrik mat. Kraftfulla fiskrätter är bra, rätter på ljusare kött som kalv, fläsk och kyckling fungerar också. Kraftiga chardonnayviner, gärna med ekfatskaraktär, är nog nummer ett när man ska dricka vitt vin till kött. En ekfatslagrad chardonnay kommer också väl till pass när det vankas grillat. De lite brända smakerna i maten går fint ihop med de rostade tonerna i vinet, och det gäller för såväl fisk som kött.

Gremolatagratinerade havskräftor med surdegssmul

Ljuvlig kombination av citron, persilja och vitlök. Det här är en riktigt lyxig förrätt. Här väljer vi en sval och fräsch chardonnay med frisk och pigg syrlighet. Både sältan och syrligheten i maten dämpar nämligen vinets friskhet så det gäller att det finns extra av varan från början. En svalodlad chardonnay från Chablis helt utan ekfat blir perfekt. Det är dessutom en klassisk kombination.

4 portioner

16 kokta havskräftor

GREMOLATASMÖR

1 ekologisk citron
2 vitlöksklyftor
3 msk hackad persilja
150 g smör, rumsvarmt
1/2 tsk salt

DESSUTOM

1 skiva torrt surdegsbröd

Gremolatasmör: Tvätta citronen och finriv skalet. Skala och riv vitlöken. Blanda det med persiljan och smöret och smaka av med salt. Riv eller skär brödet i små smulor och rosta det hastigt i en torr panna.

Kräftor: Sätt ugnen på 225 grader. Dela kräftorna längs med och pilla ur magsäcken som sitter i huvudet och är lite plastig i konsistensen. Lägg kräftorna i en ugnsform med snittytan upp. Fördela smöret på kräftorna och toppa med de rostade brödsmulorna. Gratinera cirka 10-12 minuter i ugnen. Servera.

Stekt hällefilé
med rostade betor, stekt kapris och brynt smör

Jag älskar kombon sött och salt i den här rätten. Håll koll på WWF:s lista när det är okej med hällefilé. Skulle den vara rödlistad just när du ska laga detta går det bra med annan vit fast fisk. Det brynta smöret gör att man gärna kan kombinera den här rätten med ett lite ekfatslagrat vitt vin, men det får inte vara ett för kraftigt ekat och maffigt vin. Det är bra om det också har lite sötfruktighet eftersom rätten har lite sötma från betorna. Sikta in er på en ekfatslagrad, svalodlad chardonnay från Kalifornien eller Nya Zeeland - som kombinerar både fattoner och friskhet.

4 portioner

700 g hällefilé eller
annan vit fast fisk
1-2 msk olivolja
flingsalt och nymald svartpeppar

ROSTADE BETOR

1 kg små färska rödbetor
2 msk olivolja
1 msk flingsalt

STEKT KAPRIS

2 msk olivolja
1 dl små kapris

BRYNT SMÖR

100 g smör

Betor: Sätt ugnen på 225 grader. Skala och dela betorna. Lägg dem i en ugnsform och blanda med olja och flingsalt. Rosta cirka 30 minuter tills de är mjuka.

Stekt kapris: Hetta upp oljan och stek kaprisen cirka 5 minuter tills den är knaprig.

Brynt smör: Hetta upp smöret i en liten kastrull tills det är gyllengult. Låt eventuella svarta partiklar sjunka till botten.

Hällefilé: Skär fisken i portionsbitar och stek dem ett par minuter på var sida i oljan. Salta och peppra. Servera fisken tillsammans med betorna och kaprisen. Skeda över smöret.

Grillad kalvschnitzel med varm spenatsallad

Så enkelt så det knappt behövs ett recept men lyxigt och ljuvligt gott. Kött betyder inte per automatik att man behöver dricka rött vin till. En solmogen chardonnay med lite exotiskt fruktiga toner från ett varmt Nya världen-land blir perfekt. Lite ekfatskaraktär blir också bra - både för att det är kött och för att det passar till de grillade tonerna. Att vinet har lite sötfruktighet är bra då rätten genom osten och russinen får både sötma och sälta.

4 portioner

4 skivor kalvinnanlår, ca 125 g styck
1 citron
500 g babyspenat
2 msk olivolja
100 g ädelost
1 dl blonda russin
flingsalt och nymald svartpeppar

Ta fram köttet någon timme innan tillagning så att det blir rumsvarmt. Grilla det hastigt på båda sidor. Salta och peppra. Dela citronen och grilla den med snittytan ner. Fräs spenaten i lite olja så att den precis börjar mjukna. Smula i osten och strö över russinen. Salta och peppra och blanda försiktigt. Kläm de grillade citronerna över köttet och servera med salladen.

Mousserande

Säg mousserande vin eller prata om bubblor och de flesta tänker på champagne. Inte så konstigt – området Champagne i trakterna kring staden Reims i norra Frankrike är det mousserande vinets ursprungstrakt och högsäte. Men champagne är bara, om än det mest kända, ett av alla de mousserande viner som tillverkas världen över.

Just champagnens alldeles unika koppling till vin med bubblor har faktiskt orsakat en del problem. Ett av de vanligaste misstagen i vinets värld är att många drar alla mousserande viner över en kam och kallar dessa för champagne, eller skumpa om man så vill. Det är väl i och för sig inte hela världen – men medan en champagne bara kan vara ett vin som är gjort i Champagne, från druvor som vuxit i Champagne och som gjorts enligt champagnemetoden, kan ett mousserande vin vara egentligen vad som helst. Just därför har man i Champagne jobbat hårt med dessa ”kopior” och andra renommésnyltare och sedan 1994 är det helt förbjudet att skriva något som har med champagne att göra på flaskor som inte kommer därifrån. Inte méthode champenoise, inte champaña och inte xampany som var vanligt på många flaskor tidigare. Det har till och med inneburit problem för den lilla byn Champagne i Schweiz, som inte längre kan använda sitt namn hur som helst.

HUR GÖRS CHAMPAGNE?

Champagne görs normalt av tre druvor: de blå druvorna pinot noir och pinot meunier samt den gröna druvan chardonnay. Trots att två tredjedelar av druvorna är blå är nästan all champagne vit. För att det ska bli så måste man vara snabb att pressa musten så att den inte får färg av de blå skalen. De olika druvorna får sedan jäsa separat precis som när man gör ett vanligt vin. När vinet är färdigjäst gör man en blandning av de olika vinerna, la cuvée, och buteljerar den i den flaska som champagnen sedan ska säljas i tillsammans med en tillsats, liqueur de tirage, som är en blandning av vin, jäst och socker. Flaskan försluts med en läskkapsyl. Den ”nya” jästen bidrar med en andra jäsning, i flaskan. Efter ett par veckor har jästen ”ätit upp” sockret och bildat kolsyra och jästfällning. Man placerar flaskan i en ställning och genom att man varje dag försiktigt vrider på flaskan och samtidigt långsamt vänder den till uppochnervänt läge samlas jästfällningen i flaskhalsen. Denna process kallas remuage och görs idag för det mesta maskinellt. Flaskans hals kyls sedan ned och en propp av fruset vin och fällning bildas. Kapsylen tas bort och ut skjuts den frusna jästproppen. Detta kallas för dégorgement. Innan flaskan korkas igen med en ”champagnekork” fyller man på lite vin i flaskan. Denna skvätt kallas dosage eller liqueur d'expedition och är en blandning av vin och en sockerlösning. Här reglerar vinmakaren torrhetsnivån och sötman i vinet.

Champagnemetoden är dock inget unikt för Champagne, även om det bara är där som den får kallas så. Samma metod används för bättre mousserande viner i hela världen och går då vanligen under beteckningen méthode traditionelle. Cava från Spanien är ett exempel, likaså de franska viner som går under beteckningen crémant, som till exempel crémant de Bourgogne eller crémant de Loire. Méthode traditionelle är också obligatorisk i de mousserande viner från Sydafrika som kallas cap classique.

HUR GÖR MAN ENKLARE MOUSSERANDE VINER?

En enklare och framförallt billigare metod för framställning av bubblor, och som exempelvis är vanlig för sekt från Tyskland och asti och prosecco från Italien, är den så kallade cuve close-metoden eller charmat som den också kallas. Även här får vinet jäsa en andra gång tillsammans med tillsats av socker och jäst men det sker i en stor tank. När jäsningen är klar filtreras vinet och buteljeras under tryck så att inte bubblorna försvinner.

Den absolut enklaste metoden att göra ett mousserande vin bygger på att helt enkelt spruta in bubblorna i ett vanligt vin, på samma sätt som man gör läsk i en "Soda Stream". Denna metod ger enkla viner som inte kommer i närheten av den smakprofil eller kvalitet som de andra metoderna ger. Det beror främst på att en viktig del saknas, nämligen den andra jäsningen där vinet har mer eller mindre kontakt med jästen och då naturliga bubblor skapas.

Två andra, mindre vanliga metoder är transferprocessen och méthode rurale. I den första jäser man vinet på flaska, för att sedan stabilisera och filtrera vinet i en tank innan det under tryck tappas på en ny flaska. Méthode rurale bygger på att man buteljerar vinet innan det har jäst färdigt. Jästen som finns kvar fortsätter att jäsa i flaskan och därmed bildas bubblor.

Allt mousserande vin som görs enligt champagnemetoden, och många andra också, försluts med en naturkork och en grimma. Det är lätt att tro att korken är svampformad när man trycker ner den i flaskan, men så är inte fallet. Den är helt cylindrisk, och det är tiden i flaskan som skapar det svampformade utseendet. Därför kan man genom att titta på korken när man dragit upp den ur flaskan få en idé om hur gammalt vinet är. Sväller nederdelen ut är korken nyligen nerstoppad och vinet relativt ungt. Behåller nederdelen av korken sin form som en rak cylinder är vinet äldre. Och apropå stålgrimman. Den är alltid, ALLTID, skruvad med sex halva varv.

Läs om söta mousserande viner i kapitlet Vin & dessert på sidan 172.

ATT KOMBINERA MOUSSERANDE VIN MED MAT

Ett vanligt fel vi gör i Sverige är att vi endast ser mousserande vin som något man dricker som drink. Och visst, champagne och mousserande vin med sin eleganta smak, höga friskhet, mineralkaraktär och brödighet är perfekta aperitifer, eftersom den höga syran sätter igång matsmältningen. Men fråga en fransman, eller ännu hellre en Champagnebo, champagne och annat mousserande vin kan man dricka till så mycket mer! Men då gäller det att välja rätt vin till rätt mat.

Gemensamt för champagner och många andra torra mousserande viner är den höga syrligheten, vilken gör att de passar bra till syrlig och salt mat. Den klassiska kombinationen champagne och ostron är ett slående exempel på hur sältan tillsammans med vinets friska syrlighet ger en mjukare och rundare smakupplevelse. Andra klassiska exempel på mat som passar till champagne är skaldjur och inte minst vår egna svenska delikatess med härlig sälta – löjrommen. Sälta och syra – i kombination! – är alltså grundregeln när det gäller mousserande vin.

Blir maten lite mer kraft- och karaktärsfull så måste vinerna hänga med. Jag tänker på mer smakrika fisk- och skaldjursrätter med krämiga såser men också elegantare, ljusare kötträtter. Här kan man då gärna kolla lite närmare på de champagner som är årgångsbetecknade, alltså inte de som kallas NV (non vintage), och som ofta levererar lite mer smak och karaktär. Ett bra tips är också att titta närmare på de champagner som betecknas blanc de noir. Det är viner gjorda på endast blå druvor som oftast ger lite mer smak och karaktär till vinet.

Lika bra som de torra mousserande vinerna, och framför allt champagne, passar till salt och syrlig mat, lika illa fungerar de till mat med sötma. Den minimala fruktighet som finns i dessa viner ”dödas” lätt av sötman i maten och kvar blir bara en intetsägande och ännu syrligare smakupplevelse.

Visste ni förresten att det finns 47 miljoner anledningar att dricka champagne? Det är nämligen så många bubblor som det finns i en flaska. Fråga mig inte vem som har räknat ut det och hur man har gjort – men så är det.

Gratinerade musslor

Enkelt men raffinerat tilltugg som passar utmärkt till ett glas bubbel. Små gafflar och servetter hör till. Både sardeller, musslor och parmesan bjuder på sälta som mår bra av att kombineras med syrlighet i vinet. Salta skaldjur och champagne har ju alltid varit en klassisk kombination på grund av just detta, så varför krångla till det. Servera gärna en lite smakrikare skumpa - satsa på årgångschampagne.

4 portioner

16 gröna musslor, finns färdigkokta, frysta
1 tomat
1 vitlöksklyfta
100 g rumsvarmt smör
2 sardellfiléer
3 msk hackad basilika
nymald svartpeppar
1 dl riven parmesan

Sätt ugnen på 225 grader. Tina musslorna upp och ned på hushållspapper i kylskåpet. Dela tomaten horisontellt och gröp ur kärnhuset med en sked. Torka ur tomaten med hushållspapper och hacka tomatköttet mycket fint. Skala och riv vitlöken och rör samman tomat och vitlök med smöret. Hacka sardellerna och tillsätt dem samt basilikan. Ta några rejäla tag med pepparkvarnen. Fördela smöret på musslorna och strö över osten. Gratinera cirka 10-15 minuter tills osten fått lite färg.

Hummer- och avokadotartar

Lyxig tartar som kan serveras på små stekta brödrundlar eller som här i små glas. Här finns både sälta från hummern, syra från citronen och så lite hetta från chilin. Ett mousserande vin känns alltid som en bra kompis till hummer. En vanlig non vintage-champagne blir perfekt till.

4 portioner

1 kokt hummer
2 avokador
2 msk pressad citron
2 salladslökar
1 chilifrukt
2 msk hackad dill
1/2 tsk flingsalt
nymald svartpeppar
1 burk löjrom, 80 g

Vrid av stjärten från hummern, skala den och ta bort den svarta tarmen. Skiva köttet. Knäck klorna och tärna kloköttet. Dela och kärna ur avokadorna och tärna avokadoköttet. Pressa över citron. Strimla salladslöken fint tvärsöver. Dela chilin på längden och skrapa ur kärnor och fröfästen med en liten sked. Finhacka chilin. Blanda allt tillsammans med dill och flingsalt och dra några varv med pepparkvarnen. Fördela i små glas eller på stekta brödbitar. Toppa med löjrom.

Mandelpotatissoppa med västerbottensost och räkor

Tänk att potatis kan vara en sådan delikatess! Servera soppan i små glas eller koppar som tilltugg eller förrätt. Sältan från osten och räkorna gör att vi med fördel kan servera ett mousserande vin till, de har nästan alltid hög friskhet. Tillsammans med sältan blir vinet mjukare och rundare. Alltifrån cava från Spanien till champagne från Frankrike funkar fint.

8 portioner

500 g mandelpotatis, alt. amandinepotatis
1 liten gul lök
2 vitlöksklyftor
3 msk olivolja
1 dl vitt vin
8 dl stark kycklingbuljong
1 dl vispgrädde
1 dl riven västerbottensost
salt och nymald svartpeppar

TILL SERVERING

500 g räkor med skal

Skala och tärna potatisen. Skala och hacka lök och vitlök. Hetta upp oljan i en stor gryta och fräs potatis, lök och vitlök lätt utan att det tar färg. Häll i vin och låt det fräsa ihop någon minut. Tillsätt buljongen och låt det sjuda utan lock i 15-20 minuter tills potatisen är mjuk. Mixa soppan slät och rör i grädden och osten. Mixa igen och värm försiktigt så att osten smälter. Smaka av med salt och peppar.

Skala räkorna och servera dem till. Dra några varv med pepparkvarnen.

Rosé

Det finns många myter och osanningar om rosévin. Är det bara billigt och enkelt? Är det bara en blandning av röda och vita viner som man inte kunde använda till det de ursprungligen var tänkta för? Kan det bara drickas på sommaren som aperitif eller fungera som en kompromiss då en vill äta kött och den andra fisk? Nej, rosévin är en egen vinstil – och en bra sådan! Rosé kan göras på i princip vilken röd druva som helst, så det här kapitlet handlar om en typ av vin och inte om en specifik druvsort.

Många vinkännare brukar lite stroppigt rynka på näsan när rosévin kommer på tal. Det är liksom inte helt rumsrent. Nonchalant tycker jag, och det tyder på okunskap. Rosévin är inget avancerat konststycke, men det är absolut inte något dåligt eller mindre intressant vin. Personligen älskar jag rosévin! Och många gånger när man har svårt att bestämma sig för om ett rött eller ett vitt vin passar till maten kan faktiskt rosé vara lösningen. Enkelt, och det funkar oftast riktigt bra.

På senare år har roséviner blivit lite trendigt, det är kul att se att vinet nu börjar få den uppmärksamhet det förtjänar. Rosé är på väg från att bara vara ett lättdrucket sommarvin mot att mer och mer bli ett intressant matvinsalternativ. Med tanke på den mångfald vi har på matområdet idag behöver vi definitivt även ett stort utbud av viner. Vi kan inte alltid dricka kraftiga röda viner, ibland behöver vi helt enkelt ett rosévin för en optimal kombination.

HUR GÖR MAN ROSÉ?

Det finns fyra olika sätt att få fram den rosa färgen i vinet. Den vanligaste metoden kallas på franska rosé de saignée och då gör man på ungefär samma sätt som när man gör ett rött vin, fast lite fortare. Druvorna krossas och skal och must urlakas tillsammans tills man har uppnått rätt färg. Därefter filtrerar man bort musten från skalen och jäser den till vin. Urlakningen kan ta alltifrån några timmar till upp till tre dagar, ju kraftigare färgpigment druvan har desto snabbare går det. För cabernet sauvignon kan det räcka med några timmar, med druvan grenache tar det tolv till arton timmar och gör man rosé på gamaydruvan behöver man två till tre dagar.

En annan metod är att krossa de röda druvorna och sedan pressa musten så hårt att en del av färgpigmenten från skalen följer med ner i musten och färgar vinet rosaaktigt. Denna metod ger viner med en väldigt svagt rosa nyans och de har fått en egen beteckning, vin gris i Frankrike och blush wine i USA.

Den tredje och näst ovanligaste metoden är att blanda ett vitt och ett rött vin. Det görs lite varstans, men det är bara i Champagne i Frankrike som metoden är tillåten enligt vinlagstiftningen, vilket innebär att vinet får ursprungsbetecknas (A.O.C.). Blandar man vin på det här sättet någon annanstans får man endast kalla det bordsvin.

Den fjärde metoden är ett relativt nytt sätt att göra rosé på. Egentligen kan man kalla rosén i detta fall för en biprodukt. När man gör ett rött vin kan man nämligen, efter att skalen och musten lakat färg en stund, tappa av en del av musten som då kan bli rosé. Men egentligen är det inte den lätt rosafärgade musten man är ute efter, utan att förstärka det röda vinet genom att öka andelen druvskal i förhållande till mängden must.

HUR BLIR VINERNA OCH VAR KOMMER DE IFRÅN?

Rosévin görs i hela världen, även om det är vanligare i vissa länder och distrikt än i andra. Många tänker direkt på södra Frankrike: Provence, Languedoc-Roussillon och södra delarna av Rhônedalen men också kanske på Loire i norra Frankrike. Rosévin är stort också i södra Italien och i Spanien med distrikten Penedés, Rioja och Navarra i spetsen. Man gör även rosé i bland annat Chile, Sydafrika, USA och Australien.

Rosé säger vi lite nonchalant och menar ett rosafärgat vin, men det finns skillnader. I Spanien kallas de ljusare varianterna rosado, medan de lite mörkare kallas clarete. Samma uppdelning har man i Italien, där det heter rosato respektive chiaretto. Och så finns det ju de rosa mousserande vinerna och roséchampagne.

Färgen kan variera från ett lätt rosa skimmer till ljusröd och ofta går färgen på vinet att använda som en indikation på vinets kraft och karaktär. Ju mörkare vinet är desto längre har skalen varit med eller desto kraftfullare röd druva har använts. Båda dessa faktorer ger vinet mer smak, men också mer strävhet.

Doften brukar vara relativt lätt och fräsch och friska, fruktiga och bäriga toner är vanliga. Vinerna kan delas upp i två kategorier: viner som drar åt det lite sötare hållet och är lite "godisaktiga" med toner av smultron, jordgubbar och hallon på ena sidan och viner som drar mer åt lite syrligare röda bär som vinbär, omogna körsbär och lingon på den andra. Vinerna har ofta gan-

ska hög syra och ingen eller väldigt liten strävhet i smaken. Sammantaget ligger alltså ett rosévin närmare de vita vinerna i smak, trots att de tillverkas nästan som rött vin. Med tanke på roséviner-nas variationsrikedom gäller det dock inte bara att välja rosévin till maten, det gäller att välja rätt rosévin.

ATT KOMBINERA ROSÉVIN MED MAT

Om du tillhör dem som tror att rosé bara är bra som aperitif eller till en sallad på bryggan är det dags att tänka om. Rosé är jättebra matvin! Förenklat kan man säga att när man ska kombinera rosévin med mat kan man tänka på det som ett vitt vin men med mer smak och ibland även lite strävhet. Smakrika fisk- och skaldjursrätter är perfekt. Skippa det till den pocherade sjötungan med pressad citron och servera det i stället till grillad fisk, till exempel svärdfisk eller lax, till gratinerade gambas eller till en kraftfull fisksoppa baserad på tomat (bouillabaisse).

I USA finns roséviner som kallas blush wine. De är oftast ljust, ljust rosafärgade viner och kan vara alltifrån torra till lätt söta. De görs av röda druvor och ett annat namn på dessa viner är "White...". Namnet kom till under mitten av 1980-talet då vitt vin var mycket populärare än rött. Vad skulle man göra av alla röda druvor? Jo, man tog röda druvor, gjorde lätt rosafärgat vin på dem och kallade dem White Zinfandel, White Merlot, White Cabernet o.s.v. Succén var given!

Till många soppor kan det ibland kännas konstigt att dricka rött vin, även om soppans ingredienser antyder att det borde passa. Då kan ett rosévin vara ett bra alternativ, exempelvis till en krämig svampsoppa, en buljong med kött eller vilt eller en kryddig spansk korvgryta.

Charkuterier är en annan bra följeslagare till rosé. Tänk er en mixad tallrik med salt skinka, stark salami och lufttorkat kött. Ett vitt vin "dödas" lätt av charkuteriernas kraftfulla smak, medan strävheten i ett rött vin ofta förstärks av styrkan i salamin. En rosé däremot kan vara perfekt – inte så mycket strävhet men mer smak än ett vitt vin.

En annan utmärkt kombination är rosé tillsammans med asiatisk eller annan modern mat med både hetta, syra och sötma. Dessa maträtter är ofta mycket smakrika och starka. Ett rött vin, som man kanske direkt tänker på för att maten är smakrik, blir inte så bra till. Det röda vinets strävhet förstärks och därmed kommer maten att upplevas som starkare. Ett vitt vin med syra skulle kunna vara ett alternativ, men smakar kanske för lite och "dödas" av maten. Lösningen blir ett rosévin! Du får både syra, smak och svalka, och den kylda rosén verkar lindrande på det heta i munnen.

Men bara för att ni nu förstått att rosé inte alls är tokigt till mat behöver ni inte frångå era gamla vanor. Ett glas sval rosé på bryggan i eftermiddagssolen är trots allt supergott!

Charkuterier, marinerade kronärtskockor samt tomatfocaccia

Bjud en bricka med härliga småplock till rosén i sommar! En sval, syrlig, frisk och fräsch rosé med inte alltför mycket smak passar perfekt till de salta charkuterierna. Titta till exempel efter de franska varianterna från Tavel eller Loire eller ljusare varianter från Österrike.

6-8 portioner

200 g blandade italienska charkuterier, t.ex. salami, prosciutto och coppa

INLAGDA KRONÄRTSKOCKOR

(Skockorna som skördas på våren är de spädaste och godaste.)

4 mindre kronärtskockor
vatten + 2 tsk salt

MARINAD

2 vitlöksklyftor
saft från 1 citron
1 dl olivolja
1 tsk provensalska örter
1 krm salt

TOMATFOCACCIA

Serveras varmt i små bitar.
25 g jäst

2 1/2 dl vatten, 37 grader
1 tsk salt
1 msk olja
6-7 dl specialvetemjöl

TOPPING

400 g små kvisttomater, gärna s.k. romantica
2 msk olivolja
2 tsk flingsalt

Koka kronärtskockorna i saltat vatten i en stor kastrull cirka 30-40 minuter beroende på skockornas storlek. Vattnet ska precis täcka skockorna. När de är färdiga släpper bladen lätt från stocken. Låt dem rinna av upp och ner i ett durkslag.

Hacka vitlöken och blanda den med resten av ingredienserna till marinaden. Skär bort skaften på skockorna och kasta dem. Ta av bladen men spar det innersta "hjärtat". Dela det och skär bort bottnen. Ta bort "skägget" och släng det. Lägg bladen, hjärtana och bottnarna i marinaden medan de fortfarande är varma. Låt stå cirka 30 minuter och servera sedan till charkuterierna och focaccian.

Tomatfocaccia: Sätt ugnen på 225 grader. Smula jästen i en bunke till en köksassistent och häll på vattnet. Låt maskinen gå tills jästen löst sig. Häll i saltet och oljan. Blanda i mjölet men spar lite till utbakningen. Arbeta degen 10 minuter i maskin och låt den sedan jäsa 30 minuter under bakduk.

Knåda degen lätt och kavla ut två avlånga plattor. Tryck med fingret så att ett tätt, gropigt mönster bildas. Tryck dit tomaterna. Häll över olivoljan och strö på ett par nypor flingsalt. Grädda cirka 20 minuter mitt i ugnen.

Asiatisk råbiff med vaktelägg

Om du inte har testat råbiff förut kan den här vara bra att börja med. Den har mycket smak av chili, koriander och sesamfrö och passar utmärkt till förrätt eller som en lättare kvällsrätt med en rejäl portion sallad till.
Kött och rött vin gäller verkligen inte här eftersom röda viner lätt krockar med det starka från chilin. Mycket bättre då med en frisk och fräsch rosé där det syrliga i vinet kan motverka hettan och spela med syran från limen. Välj en relativt smakrik variant som gärna kan vara lite mörkare i färgen.

4 portioner

300 g oxfilé av bästa kvalitet
1 salladslök
1 chilipeppar
1 tsk rosépeppar
2 tsk sesamolja
2 tsk flingsalt
nymald svartpeppar efter smak

TILL SERVERING

4 vaktelägg
1 tsk rostade sesamfrön
70 g blandade späda sallatsblad
nymald svartpeppar
limeklyftor

DRESSING

3 msk sesamolja
1 pressad lime
1 tsk flytande honung
1 tsk riven ingefära
1 tsk japansk soja

Ta bort eventuella senor och fett runt köttet och hacka sedan köttet mycket fint. Strimla salladslöken fint, dela chilin på längden och ta bort kärnor och fröfästen genom att skrapa med en tesked. Hacka chilin fint. Spara lite skivad lök och chilihack till garnering. Blanda resten med köttet och vänd försiktigt ner rosépeppar, sesamolja, salt och rejält med svartpeppar. Fördela i fyra lösa högar, platta till lite och gör en liten fördjupning i varje.

Skär bort toppen på vakteläggen och häll bort det mesta av vitan. Placera ett ägg i varje fördjupning. Strö på resten av löken och chilin och toppa med lite rostade sesamfrön. Dra ett par varv med pepparkvarnen.

Vispa ihop ingredienserna till dressingen och dressa sallatsbladen väl. Servera biffarna med salladen och limeklyftor.

Lisen tipsar
När du gör din egen råbiff är hygienen a och o. Vältvättade händer, ren kniv och skärbräda och snabbt in i kylen. Däremot är det godast när biffarna inte är helt kylskåpskalla när du serverar. Köttet ska vara superfärskt och av toppkvalitet. Satsa gärna en extra slant på riktigt bra kött.

Grillad torsk med ugnsrostad tomatsallad och basilikaolja

Äntligen kan vi äta torsk igen! Grilla den varsamt, gärna först en stund på hög värme och sedan på ett svalare ställe på grillen. Öppna en flaska rosé och njut av ett svalt glas samtidigt som du grillar. När maten är klar fortsätter du med samma vin. Rosé är ofta gott till grillad fisk eftersom det smakar lite mer än vitt vin men ändå har den friska fräscha syrligheten.

4 portioner

600 g ryggfilé av torsk
olivolja
flingsalt och nymald svartpeppar

UGNSROSTAD TOMATSALLAD

600 g blandade små tomater
2 rödlökar
1 dl kalamataoliver
3 msk olivolja
flingsalt och nymald svartpeppar
1 stor skiva dagsgammalt surdegsbröd

BASILIKAOLJA

1 kruka basilika
1 dl olivolja
1 tsk finrivet citronskal
1 tsk flytande honung
1/2 krm salt

Ugnsrostad tomatsallad: Sätt ugnen på 225 grader. Lägg tomaterna i en ugnsform. Skala och klyfta löken och blanda i den tillsammans med oliverna. Ringla över 2 matskedar av oljan och rosta i cirka 20 minuter tills tomaterna fått färg. Salta och peppra generöst. Bryt bitar av brödet och stek det i resten av oljan. Lägg brödet på salladen.

Basilikaolja: Mixa basilikabladen med oljan. Tillsätt citronskal, honung och salt.

Torsk: Pensla torsken med lite olivolja och grilla cirka 3-4 minuter på var sida tills köttet känns fast. Salta och peppra efter smak. Servera med den ljumna tomatsalladen och basilikaoljan.

Pinot noir

Det här är en av de riktigt stora röda druvorna och den har ständigt varit omtalad och populär. Man tror att pinot noir var den första druvan som förädlades från vilda sorter och druvan har haft samma namn i över 600 år. Den har sina rötter i Bourgogne där den fortfarande är stor, alla röda viner i Bourgogne görs på pinot noir förutom i Beaujolais där man använder druvan gamay.

Pinot noir är svårodlad eftersom den är oerhört känslig och påverkas mycket av både klimatet, jorden och odlaren. Pinot noir-viner är lite knepiga och långt ifrån alla blir perfekta. De kan vara fantastiskt, himmelskt goda men lika ofta en riktig besvikelse. Priset på vinerna från Bourgogne är ofta högt på grund av större efterfrågan än tillgång. Här gäller det att veta vad man väljer, producenten är ofta en viktigare faktor än varifrån vinet kommer. Druvans storhet, berömmelse och popularitet har lett till att många vinmakare världen över vill vara med och rida på vågen, men långt ifrån alla levererar vad druvnamnet antyder.

En annan anledning till pinot noirs fina rykte är dess starka koppling till Champagne. I Champagne gör man vin på tre druvsorter: den gröna druvan chardonnay och de två blå druvsorterna pinot noir och pinot meunier. De två blå druvsorterna står för tre fjärdedelar av vingårdsarealen, trots det är nästan all champagne vit. Det går helt enkelt utmärkt att göra vita viner på blå druvsorter (men det är omöjligt att göra det omvända). Pinot noir ger kraft och karaktär till de mousserande vinerna.

HUR BLIR VINERNA OCH VAR KOMMER DE IFRÅN?

Bourgogne i Frankrike sträcker sig från Dijon i norr till Lyon i söder. Regionen delas upp i mindre områden. Längst norrut ligger Côte d'Or, guldsluttningen, som består av de två områdena Côte de Nuits och Côte de Beaune. Det är här de riktigt stora vinerna på pinot noir görs, vinerna från Côte d'Or har länge klassats som några av de finaste i världen och härifrån hittar vi några av världens dyraste viner. Det är svårt att förstå att detta område, som bara sträcker sig 48 km från norr till söder och som på sitt smalaste ställe endast är 90 meter brett, har nått sådan ryktbarhet. Gåtans svar är en kombination av det geografiska läget, att det ser ut som det gör och att just druvan pinot noir är basen. På dessa branta sluttningar cirka 275 meter över havet trivs druvan perfekt. Jordmånen är kalkhaltig och sluttningen möjliggör många sydliga eller sydostliga vingårdslägen med fin exponering i solen. Här är enligt lag pinot noir den enda tillåtna röda druvan, därför står oftast inte druvans namn på etiketten.

Allteftersom Nya världens vinproducenter har fått oss medvetna om druvor istället för områden har dock även vissa franska producenter, till och med i Bourgogne, börjat skriva druvans namn på etiketten – det trodde man aldrig! Allt som förtydligar på flaskorna från Bourgogne är dock välkommet, etiketterna är inte alltid så lätta att tyda, med namn på kommuner eller byar som Gevrey-Chambertin och Vosne-Romanée.

De vingårdar som anses ha riktigt goda förutsättningar att göra bra vin får tillägget premier cru (1:er cru), följt av vingårdens namn. Vingårdar som anses ha de allra bästa förutsättningarna namnges efter vingårdens namn med tillägget grand cru. Några exempel är Clos de Vougeot, Richebourg, la Tâche och Échézeaux. Det som förvirrar är alla dubbelnamn, byarna i Bourgogne vill förstärka sin ställning genom att koppla tilläggsnamnet på byns bästa vingård till byns namn. Byn Gevrey lade till exempel till namnet på sin mest berömda vingård och blev Gevrey-Chambertin, Vosne blev Vosne-Romanée och så vidare.

Bourgogne är pinot noirs självklara hemmahamn men druvan finns även på andra ställen. I Frankrike odlas den i bland annat Alsace, Loire och Jura. I norra Italien odlas den under namnet pinot nero och i Tyskland under namnet spätburgunder eller blauburgunder. De tyska varianterna påminner om pinot noir från Alsace: ljusa, lätta och mjuka. I Österrike heter den också blauburgunder och ger där både lätta och en del mer karaktärsfulla viner. Den odlas även i Schweiz och i nästan hela Östeuropa: i Bulgarien, Ungern, Rumänien, Tjeckien och Slovakien.

I Nya världen växer pinot noir i popularitet och där har man länge försökt att tämja druvan. Men bara för att det är rätt druva behöver inte vinerna bli bra, pinot noir trivs helt enkelt inte överallt. För att vinerna ska bli riktigt bra måste man vara noga med att inte göra för stora skördeuttag. Druvan behöver också lång mognadsperiod vilket man får i svalt klimat. Ett alltför varmt klimat ger kortare växttid och därmed för kort tid för druvan att utveckla aromer. Detta resulterar ofta i viner som smakar syltig, kokt frukt och inte alls har den spännande, komplexa karaktär och finess som är så vanlig i Bourgogne. Vinerna smakar inte illa, de är oftast välgjorda och goda, men når inte riktigt upp till sin franska förebild. Bäst blir vinerna i svala områden som till exempel Nya Zeeland, Tasmanien, delar av Kalifornien (Carneros, Russian River, Sonoma Coast och Santa Barbara) samt i delstaterna Oregon och Washington.

ATT KOMBINERA PINOT NOIR MED MAT

Upplevelsen av ett vin gjort på pinot noir kan variera otroligt. Vinets färg kan variera och vinerna från norra Bourgogne och Nya världen är ofta färgstarkare än vinerna från till exempel Alsace och Tyskland.

Doftens mest karakteristiska egenskap är en bärig fruktighet. I de lite lättare vinerna brukar man känna röda ljusa bärtoner av jordgubbar och hallon, medan de kraftigare varianterna ofta doftar mer av mörka bär, körsbär och plommon. I de bättre vinerna är ofta även andra dofter, som tryffel, svamp, jord, blommor, vilt och till och med stall och kompost närvarande. Bra pinot noir har en komplex doft och bjuder ofta på flera nivåer av smakupplevelsen.

Smaken varierar från lätt till fyllig, men ligger oftast någonstans mitt emellan. De bäriga karaktärerna kommer tillbaka i smaken och en ganska hög syra är vanlig, framförallt i unga viner. Strävhet finns definitivt och varierar beroende på kvaliteten på vinet, men grundregeln är att syran nästan alltid är mer markerad än strävheten.

Eftersom pinot noir visar på en sådan mångfald måste vi tänka på vad det är för typ av pinot noir vi dricker när vi bestämmer vår meny. Vinerna i den lättare, mjukare stilen från exempelvis södra Bourgogne, Alsace och Tyskland bör inte paras ihop med alltför smakrik mat. Till de kraftigare vinerna från norra Bourgogne och i vissa fall från Nya världen går det bra att servera kraftigare rätter, viltkött och viltfågel tillsammans med kraftiga bourgogneviner är klassiska kombinationer. Tänk på att inte göra tillbehören för dominanta, en puré på potatis, lite smörstekt svamp och kokta grönsaker kan vara alldeles lagom. Vi bör också beakta den ofta förekommande syran i vinerna. Balansera den gärna med något syrligt eller friskt i rätterna: en gelé på vinbär, lite lingon eller en sås med lite vinäger.

Att dricka rött vin till fisk är otänkbart för många, men testa, det är faktiskt inte så dumt som det kanske låter. Det gäller dock att välja rätt mat och rätt vin. Kraftigt strävt rödvin till en pocherad sjötunga med citron är inget att rekommendera. Bättre då med en bit grillad marulk med rostade grönsaker och krämig hollandaise och till det ett fruktigt, inte alltför strävt vin som gärna får ha lite syra. Lite förenklat är druvan pinot noir bra som grundtips. Ännu bättre blir det om man kyler det röda vinet något. Genom att sänka temperaturen i vinet ökar man nämligen upplevelsen av friskhet, och ett rött vin kommer smakmässigt lite närmare ett vitt vilket inte är så dumt när man ska servera det till fisk.

Hjortfilé med jordärtskockspuré,

hasselnötssmör, balsamicosky och rostade morötter och äpplen

En riktig höstbjudrätt. Hjort är ett smakrikt kött och har du tur finns det i din mataffär på hösten. En smakrik och kraftfull pinot noir av det dyrare slaget från till exempel USA blir perfekt. Det krämiga i rätten hanterar strävheten och syran i vinet samtidigt som det söta från balsamico och äpplen behöver lite solmogen bärighet.

4 portioner

700 g hjortytterfilé
flingsalt och nymald svartpeppar
2 msk blandade torkade örtkryddor, t.ex. provensalska
2 msk smör till stekning

HASSELNÖTSSMÖR

25 g hasselnötskärnor
150 g rumsvarmt smör
1 krm salt

ROSTADE MORÖTTER OCH ÄPPLEN

3 stora morötter
2 äpplen
1 msk olivolja
flingsalt

BALSAMICOSKY

silad sky
2 dl balsamico
2 msk koncentrerad viltfond
3 msk råsocker
ev. lite maizenaredning

JORDÄRTSKOCKSPURÉ MED SMAK AV TRYFFEL

500 g jordärtskockor
200 g mandelpotatis
1 dl vispgrädde
1 dl riven lagrad ost
1/2 tsk salt
1 krm nymald vitpeppar
1 tsk tryffelolja (kan uteslutas)

Hasselnötssmör: Hacka hasselnötterna och rosta dem hastigt i en torr panna. Låt svalna. Blanda med smöret och saltet och rulla till en rulle. Klä in i plast och lägg in i kylen.

Rostade morötter och äpplen: Sätt ugnen på 225 grader. Skala morötterna och skär i bitar. Klyfta äpplena och lägg allt i en långpanna. Ringla på olja och strö över generöst med salt. Rosta i cirka 20 minuter tills det fått lite färg.

Hjortfilé: Sänk ugnsvärmen till 150 grader. Putsa köttet och salta och peppra generöst. Klappa in det med örtkryddorna. Hetta upp smöret i en panna och bryn köttet hastigt runt om så att det får vacker färg. Lägg köttet i en ugnssäker form och stick in en kötttermometer från ena ändan och längs med köttet. Ställ in köttet i ugnen och låt det gå i ugnen tills termometern visar 58 grader. Ta ut det, linda in i smörpapper och låt vila 10 minuter. Skär i 2 centimeter tjocka skivor.

Balsamicosky: Sila köttskyn i en kastrull och tillsätt balsamicon, fonden och sockret. Låt koka ner till hälften. Red eventuellt med lite maizenaredning.

Jordärtskockspuré: Skala jordärtskockor och potatis och skär dem i grova bitar. Allteftersom du skär, lägg dem i en stor kastrull med lättsaltat vatten och lite pressad citron eller ett par droppar vitvinsvinäger så att de inte mörknar. Häll av vattnet och koka skockorna och potatisen i nytt vatten tills de är mjuka, cirka 15-20 minuter. Häll bort vattnet genom en sil och lägg tillbaka rotfrukterna i kastrullen. Hetta upp grädden och häll i den. Mixa slätt med stavmixer, tillsätt osten och mixa lite till. Smaka av med salt och vitpeppar. Droppa i tryffeloljan precis innan servering.

Blodpudding med belugalinser

Det är skillnad på blodpudding och blodpudding! Den här smakade jag på The Fine Cheese Company i Bath och här är min tolkning av rätten, en riktig vuxenrätt. Mjölk till kanske ni tänker - men det här är som sagt en helt annan typ av blodpudding. Ett lättare rödvin känns elegant och passar utmärkt till denna rätt. Lite frisk syra och inte alltför kraftfull smak blir bra och detta hittar vi i lite billigare röda bourgogner från Frankrike.

8 portioner

1/2 liter nötblod (finns fryst)
1 dl matkorn
2 1/2 dl havregryn
1/2 liter mjölk
200 g bacon
1 gul lök
1 tsk korianderfrön, stötta i mortel, alt. malen koriander
2 krm nyriven muskotnöt
1/2 tsk malen kryddnejlika
1 tsk salt
2 tsk nymald svartpeppar
1 dl russin
1/2 dl pinjekärnor
smör till stekning

BELUGALINSER

2 dl belugalinser (små svarta fasta linser)
2 vitlöksklyftor
1 skiva bacon
1 msk olivolja
2 dl vatten
1 msk koncentrerad kalvfond
2 dl rött vin
1 kanelstång
1 lagerblad
1 tsk salt
nymald svartpeppar

Blodpudding: Sätt ugnen på 200 grader. Tillaga korngrynen enligt paketet. Lägg havregrynen i mjölken cirka 30 minuter. Tärna bacon och lök fint. Stek det tillsammans med korianderfrön, muskot och kryddnejlika utan att det får för mycket färg. Blanda havregrynsbladningen med blodet och salt och peppar. Rör i russinen och pinjekärnorna samt baconblandningen. Vänd i de tillagade korngrynen. Smöra en avlång form som rymmer 1 ½ liter. Häll i smeten och ställ formen i en långpanna. Ställ in den mitt i ugnen och häll kokhett vatten i långpannan. Grädda puddingen cirka 1 timme tills smeten har stannat. Låt svalna. Skär i skivor och stek hastigt i smör på båda sidor. Servera med linserna.

Belugalinser: Skölj linserna. Fräs vitlöksklyftorna och baconet lätt i oljan i en vid och djup panna. Häll i linser, vatten, fond och vin tillsammans med kanelstång och lagerblad. Låt det sjuda i cirka 20 minuter tills lite vätska finns kvar och linserna är mjuka men fortfarande har tuggmotstånd. Smaka och känn efter. Det ska fortfarande vara lite såsigt, tillsätt mer vätska om det behövs. Smaka av med salt och peppar och servera linserna till blodpuddingen.

Apelsinanka

En anka räcker oftast till fyra portioner om du köper dem som finns i frysdisken. Det är viktigt att ta temperaturen i låret eftersom det behöver längre tid för att bli klart.

Det här är en klassiker som känns rolig att ta upp igen. Här kan man antingen dricka vitt eller rött vin till. Vill man dock dricka rött är det viktigt att vinet inte är för kraftigt eller för strävt och det får gärna ha en tydlig friskhet. Precis de egenskaperna hittar vi i en svalodlad pinot noir. Titta gärna närmare på dem från Nya Zeeland.

4 portioner

1 anka, ca 2 kg
2 apelsiner
salt och nymald svartpeppar

APELSINSÅS

hals, lever och hjärta från ankan
1/2 gul lök
1 vitlöksklyfta
2 msk olivolja
2 apelsiner
2 dl vitt vin
2 msk vitvinsvinäger
2 krm kanel
1 krm torkad ingefära
2 msk råsocker
salt och nymald svartpeppar

TILL SERVERING:

ugnsstekt potatis, gärna stekt i ankfettet från formen, lättstekt savojkål eller annan grön grönsak

Anka: Sätt ugnen på 175 grader. Ta ut hals, lever och hjärta ur ankan och lägg åt sidan. Tvätta apelsinerna och grovhacka en av dem med skal. Fyll fågeln med apelsinhacket och bind upp den. Finriv skalet på den andra apelsinen och klappa in fågeln runt om med det. Salta och peppra ordentligt. Lägg fågeln i en ugnsform med galler och pressa över saften från den rivna apelsinen. Stek i 30 minuter med bröstsidan upp och vänd den sedan och stek ytterligare 30 minuter med ryggen upp. Innertemperaturen i låret ska vara 60 grader.

Apelsinsås: Hacka hals, lever och hjärta grovt. Skala och hacka lök och vitlök och fräs det i oljan tills det får lite färg. Tvätta apelsinerna och riv skalet. Pressa ur saften och häll den i pannan. Häll på vin och vinäger. Tillsätt kanel, ingefära och råsocker och låt allt koka ihop cirka 15 minuter. Sila såsen och smaka av med salt och peppar. Om du tycker att såsen är för söt kan du smaka av med mer vinäger. Servera med potatisen och kålen.

Cabernet sauvignon

Cabernet sauvignon har liksom chardonnay spridit sig över hela världen. Och precis som chardonnay är cabernet sauvignon oerhört förlåtande, det blir bra vin nästan oavsett var den odlas – i varmt eller svalt klimat, i bördiga eller karga jordar. Så länge man får rätt mognad och inte tar ut alltför stora skördar kan man få fram ett bra, druvtypiskt vin.

Cabernet är inte bara en av vinvärldens mest spridda druvor utan också en av de mest kända. Den brukar kallas Kungen eller Erövraren och har erövrat både vinmakare och konsumenter. Den odlas idag i hela Europa och i alla länder i Nya världen, till och med på så udda ställen som Kina och Japan. Och om det finns en röd druva som även en inbiten öldrickare har någorlunda koll på är det sannolikt cabernet sauvignon.

Även om cabernet sauvignon som begrepp idag är mest känt från etiketter i andra länder eller områden går det inte att presentera druvan utan att nämna Bordeaux i Frankrike. Där har den sitt ursprung och där ger den några av världens dyraste och mest omtalade viner. Många av de röda vinerna från Bordeaux är gjorda på cabernet sauvignon, men i motsats till vad många tror är den inte den mest planterade druvan i området.

I Bordeaux blandar man flera druvsorter i vinet, eftersom där råder ett relativt svalt klimat och cabernet sauvignon mognar sent på hösten. Långt ifrån alla år bjuder på ett tillräckligt gynnsamt klimat för att druvan ska bli perfekt, och då är det bra att blanda andra druvor i vinet. En annan anledning är att när cabernet sauvignon odlas i svalt klimat kan vinet bli lite tunt i det man kallar mellansegmentet. Lösningen blir att blanda druvan med andra som gör smaken fylligare. I Bordeaux används merlot, cabernet franc, petit verdot och malbec. Blandningarna gör den kraftfulla och lite strama cabernet sauvignon rundare och mjukare.

Bordeaux kan, lite förenklat, delas upp i två delar när man pratar om röda viner: väster respektive öster om floden Gironde. Även om cabernet sauvignon odlas i hela regionen är det i den västra delen, i Médoc, som den är som störst. Det är här på de grusiga, väldränerade bankarna som de finaste Bordeaux-slotten ligger och härifrån kommer de allra största vinerna: Mouton Rothschild, Châteaux Margaux och Latour med flera. I Médoc utgör cabernet sauvignon cirka tre fjärdedelar av druvmixen och blandas mestadels upp med merlot. Även om varje slott har sitt eget recept kan man säga att i Pomerol och Saint-Émilion, öster om floden, är förhållandet ungefär det motsatta.

Under 1700-talet gick druvan under namnet petite vidure i Bordeaux, för att senare byta namn till cabernet sauvignon. Genom dna-teknik upptäckte man ganska nyligen att druvan är en korsning mellan sauvignon blanc och cabernet franc.

Cabernet sauvignon ligger till grund för några av vinvärldens mest kända och efterapade viner. Dess repertoar är bred, druvan passar som grundmate-

rial till fina viner som ska lagras länge och njutas mogna, och funkar också bra till enklare viner som ska drickas unga. Dessutom funkar den, med alla sina positiva egenskaper, utmärkt som krydda. Det är inte ovanligt att man använder mindre doser av denna kraftfulla och karakteristiska druva för att krydda viner gjorda av mindre attraktiva druvor.

När Nya världen växlade från kvantitet till kvalitet och började göra bättre röda viner använde man ofta cabernet sauvignon som råmaterial. Naturligtvis hade man de stora vinerna från Bordeaux som förebild. I början var det vanligt att man enbart använde cabernet sauvignon i vinerna, idag går trenden mer åt att blanda med andra druvor. Det är dock inte alltid vi kan se på etiketten om vinerna från Nya världen är gjorda på en druva eller flera. Vinlagarna i exempelvis USA och Australien säger att det räcker med 75 % respektive 85 % av en druva för att den ska få anges på etiketten. Resten kan vara en blandning av andra druvor, vilka som helst, men det är inte ovanligt med merlot och cabernet franc – precis som i Bordeaux.

HUR BLIR VINERNA OCH VAR KOMMER DE IFRÅN?

Där det finns rött vin finns också cabernet sauvignon. Naturligtvis smakar vinerna olika men cabernet sauvignon har en förmåga att i stor utsträckning behålla sin karakteristiska doft och smak av svarta vinbär oavsett var den odlas. En annan för druvan karakteristisk egenskap är smak av blyerts, den gör sig framförallt påmind i de dyrare och finare vinerna.

Druvan cabernet sauvignon är liten och har tjockt, mörkt skal. Andelen kärna och skal är stor, vilket gör att vinet blir rikt på garvsyror, alltså får en tydlig strävhet. Druvan anses passa för fatlagring, vilket snarare är regel än undantag, speciellt bland de dyrare varianterna. Fat ger vinerna den doft av cederträ eller cigarrlåda som ofta förknippas med druvan.

Vinerna från Bordeaux är ofta smakrika med tydlig druvkaraktär och både syra och strävhet. Generellt är vinerna gjorda för lagring och tanken är att syran och strävheten ska bli rundare och mjukare med åren. En hyfsat bra bordeaux ska inte drickas förrän den är minst tio år. Även i Nya världen finns många dyra, fina cabernet sauvignon-viner, framförallt i Kalifornien men även i Australien, Sydamerika och Sydafrika. Det varmare klimatet ger dock oftast lite fruktigare viner med högre alkoholhalt och mindre syra. Strävheten brukar vara lika stor men upplevs som mjukare i kombination med den runda, mjuka fruktigheten. De fruktigare vinerna behöver bara lagras i cirka fem år. Och medan en bordeaux kan sparas i flera årtionden ska ofta en motsvarighet från Kalifornien korkas upp inom femton år.

Men alla cabernet sauvignon-viner är inte kraftpaket proppade med strävhet som bör lagras för optimal njutning. Eftersom druvan har en förmåga att göra bra vin oavsett hur man behandlar den ligger den också bakom en annan kategori viner. Det görs mängder av billigare, lite enklare, men oftast bra volymviner som är mjukare och fruktigare. De har inte nödvändigtvis fatlagrats och ska konsumeras direkt. Dessa viner hittar du i hela Nya världen, i Östeuropa, i södra Frankrike och i Spanien.

Cabernet sauvignon har odlats framgångsrikt i Chile. Chilensk cabernet är lite som sauvignon blanc från Nya Zeeland, de för druvan karakteristiska särdragen, i cabernet sauvignons fall svarta vinbär, är ofta övertydliga. Det är därför sällan någon tvekan om att det är cabernet sauvignon eller att den kommer från Chile.

ATT KOMBINERA CABERNET SAUVIGNON MED MAT

Det finns fyra saker att ta fasta på när man ska kombinera cabernet sauvignon med mat. Vinet är ofta kraftigt, har strävhet, ibland syrlighet samt doft och smak av svarta vinbär.

Som grundregel gäller att maten ska vara smakrik. Kött – nöt, lamm och vilt – är att föredra framför lättare huvudråvaror. Här kan dock göras en skillnad mellan vinerna från Bordeaux och Nya världen. Alla viner på cabernet sauvignon blir kraftfulla men vinerna som odlats i varmare klimat blir ofta rikare och generösare och kan därför serveras till ännu smakrikare och kraftfullare mat än de viner som odlats svalt.

Strävheten i vinet kan gärna dämpas med något fett eller krämigt i maten, kanske en gräddig potatisgratäng eller en krämig sås. Ett annat lite nyttigare sätt att trolla bort lite av strävheten i vinet och få en mjukare smakupplevelse är att servera något syrligt till. En sås på rödvin och lite vinäger är inte så dumt. Lite syra i maten passar extra bra till de viner som kommer från Bordeaux eftersom ett syrligt inslag i rätten suddar ut vinets syra och vi får en mjukare smakupplevelse. Detta gäller framförallt unga viner, vid lagring försvinner syran och strävheten blir rundare och mjukare.

Det är kul och gott när karaktärer i maten möter samma karaktärer i vinet, så när man har balanserat smakstyrkan och strävheten kan man börja leka med svartvinbärskaraktären. Man kan servera en svartvinbärsgelé till, röra ner den i såsen eller krydda såsen med svartvinbärsstarkvin.

Porterstek

Söndagsmiddag från förr. Porterstek är en klassiker och bland det enklaste man kan göra. Den sköter sig själv och såsen blir underbar. Ett trevligt sätt att kombinera mat och vin är att para ihop liknande smaker. Svarta vinbär är druvan cabernet sauvignons främsta doft- och smakegenskap så det blir perfekt till den här såsen med svartvinbärsgelé i. Välj gärna en europeisk variant med lite frisk syrlighet som dessutom passar bra till det syrliga i rätten.

6-8 portioner

1 kg nötinnanlår
1 flaska porter, 33 cl
1 dl outspädd svartvinbärssaft
1/2 dl soja
3 msk koncentrerad kalvfond
1 skivad gul lök
10 lätt krossade enbär
10 svartpepparkorn
2 lagerblad
1 tsk torkad timjan
1 tsk salt

SÅS
8 dl silad sky
3 msk vetemjöl
2 dl grädde
1 msk svartvinbärsgelé
ev. salt och nymald svartpeppar

TILL SERVERING
kokt potatis, gelé, lättkokta gröna grönsaker (exempelvis smörslungad brysselkål med flingsalt),
lite lingon eller svarta vinbär

Lägg köttet i en stadig gryta. Häll i porter, saft, soja, fond, lök och kryddor. Låt det sjuda cirka 1 ½ timme tills köttet känns mört. Vänd på det en gång under koktiden.

Ta upp köttet, vira in det i folie och sila skyn i en kastrull. Vispa ihop vetemjöl och grädde. Koka upp skyn och vispa i gräddblandningen. Låt sjuda 5 minuter och smaka av med gelé, salt och peppar.

Skiva köttet tunt och servera det med såsen och tillbehören. Garnera gärna med lingon eller vinbär.

Långsamt rödvinskokt högrev

Opretentiös festmiddag ikväll? Du fixar dig själv och dukningen. Maten lagar sig själv i grytan. Kan det bli bättre? Vin i grytan, vin i kocken och vin i glasen - till denna rätt passar många röda viner. En smakrik cabernet sauvignon från Chile blir till exempel bra. De har utöver en tydlig svartvinbärston också ofta en liten friskhet som passar bra till det salta i rätten.

6-8 portioner

1 kg högrev
2 gula lökar
1 vitlök
2 morötter
100 g rotselleri
5 dl rött vin
1 burk plommontomater av god kvalitet
2 lagerblad
1 msk torkad timjan
2 tsk strösocker
1 msk salt
2 tsk grovt nymald svartpeppar

TILL SERVERING

400 g nykokt pasta, t.ex. strozzapreti
1/2 dl crème fraiche
2 dl riven parmesan + ytterligare till servering
flingsalt och nymald, grovmald svartpeppar
gärna en stor grön dressad sallad

Lägg köttet i en gryta, inte för stor. Skala och klyfta löken och skala vitlöksklyftorna och dela dem på mitten. Skala morötterna och rotsellerin, skär morötterna i grova slantar och rotsellerin i centimeterstora tärningar. Lägg detta runt köttet och häll på vin och tomater. Lägg i lagerblad, timjan, socker, salt och peppar. Sätt på locket och låt det koka upp. Sänk värmen till låg temperatur och låt sjuda på mycket svag värme i cirka 3 ½ timme.

Dra isär köttet med två gafflar och blanda alltsammans ordentligt i grytan. Låt sjuda ytterligare 30 minuter, nu utan lock så att lite av vätskan kokar bort. Rör om då och då.

Koka pastan enligt paketet. Häll av vattnet och lägg tillbaka pastan i kastrullen. Blanda i crème fraiche och parmesan. Strö i lite flingsalt och ta ett par ordentliga tag med pepparkvarnen, grovmald peppar ska det vara. Rör om och servera genast med den mustiga högreven och massor med riven parmesan. Bjud en enkel grön sallad med fina blad och en enkel vinägrett till.

Nötrullader med äpple och västerbottensost

Sötma och sälta i skön förening! Bjud gärna en god potatispuré och gröna grönsaker till. Riktig mammamat! Sötman och sältan gör att vi gärna bör välja ett vin med lite sötmogen solmogenhet som vi hittar i vinerna från lite varmare länder - hellre Sydafrika än Frankrike helt enkelt. En dos strävhet i vinet är inga problem, det krämiga moset med både grädde och smör gör vinet rundare och mjukare.

4 portioner

700 g nötinnanlår i tunna skivor
salt och nymald svartpeppar
2 msk smör

FYLLNING

1 äpple
1 gul lök
1 dl smörgåsgurka
2 msk hackad färsk timjan, alt. 2 tsk torkad
2 dl grovriven västerbottensost
3 dl vitt vin
1 msk kalvfond

SÅS

sky från köttet
2 dl grädde
1 msk gelé
2 msk soja
salt och nymald svartpeppar
3-4 msk maizenaredning
färsk timjan till garnering

POTATISPURÉ

700 g mandelpotatis
2 dl gräddmjölk
1 msk smör
1 tsk salt
nymald vitpeppar efter smak

TILL SERVERING

gröna grönsaker (exempelvis lättkokta gröna bönor med olivolja och flingsalt), gelé

Rullader: Banka ut köttskivorna mellan smörpapper med exempelvis en stekpanna. Salta och peppra generöst.

Hacka äpple, lök och smörgåsgurka fint. Blanda det med timjan och den rivna osten. Fördela fyllningen på köttet och rulla ihop. Fäst med en cocktailpinne och salta och peppra på utsidan. Hetta upp smöret i en stor panna och bryn rulladerna runt om så att de får fin färg. Häll på vin och fond och låt det sjuda under lock i cirka 30-40 minuter tills köttet är mört. Ta upp det och håll varmt under folie.

Sila skyn i en kastrull. Tillsätt grädden, gelén och sojan och låt såsen koka ihop cirka 10 minuter. Smaka av, kanske behövs salt och peppar. Red av med maizenaredningen. Häll såsen runt rulladerna och dekorera med timjan. Servera med potatispuré, gelé och grönsaker.

Potatispuré: Skala potatisen och koka den mjuk. Häll av vattnet. Hetta upp gräddmjölken med smöret och tillsätt det i kastrullen medan du mixar med stavmixer till en puré. Smaka av med salt och peppar.

Sangiovese

Som i så många andra regioner i Europa där man sedan lång tid tillbaka bara odlat vissa druvor lyser druvnamnet sangiovese ofta med sin frånvaro på vinetiketter. Säger jag däremot chianti är det få som inte vet vad jag pratar om. Har du druckit det? Ja, då har du också druckit druvan sangiovese. Under lång tid var chianti synonymt med runda bastflaskor som oftast var mer uppskattade som ljusstakar än för innehållet, vinet var ofta blaskigt och intetsägande. Detta är dock historia, nu görs en helt ny stil av chianti som skiljer sig mycket från de lätta, ljusa och karaktärslösa viner vi fick härifrån tidigare och det finns också många andra goda viner som görs på druvan sangiovese som är värda att prova.

TOSCANA

Sangiovese är Italiens mest odlade druva och även om den återfinns i så gott som hela Italien är det i de centrala delarna den har sin hemmahamn. I Toscana hittar vi de finaste och mest berömda av Italiens viner på denna druva. Dessa viner är inte bara de bästa på sangiovese, de tävlar faktiskt mot viner som till exempel barolo och barbaresco från Piemonte och amarone från Veneto om titeln Italiens bästa vin.

Det absolut mest kända vinet från Toscana är chianti som delas upp i chianti och chianti classico, där det sistnämnda är det lite finare med ursprung från de omtalade böljande kullarna mellan Florens och Siena. I båda distrikten blandar man druvor efter ett "recept" och sangiovese står alltid för huvuddelen, 70-90 %. De övriga druvorna är bland andra canaiolo nero, trebbiano och malvasia. Trebbiano och malvasia är märkligt nog vita druvor och traditionellt har man blandat en liten del av dessa i vinet. Dock är detta ovanligare idag. De andra druvorna som man brukar använda sig av är cabernet sauvignon, merlot eller cabernet franc, åtminstone hos de något mer kvalitetsinriktade producenterna.

Classico antyder att vinerna kommer från hjärtat av distriktet och dessa viner lyder under något högre kvalitetskrav. Man måste exempelvis ha ett begränsat skördeuttag, högre alkoholhalt, en viss lagring och man får inte blanda in vitvinsdruvor.

Om chianti är den stora massans favoritvin från Toscana är Brunello di Montalcino och Vino Nobile di Montepulciano vinsamlarens favoriter. Brunello di Montalcino är gjort på 100 % sangiovese och är ett kraftfullt, mörkt och strävt vin. Det var egentligen inte förrän på 1970-talet dessa viner fick ett uppsving och idag anses de vara några av Italiens bästa viner, vilket också priserna indikerar. Vino Nobile di Montepulciano är mjukare och fruktigare än Brunello di Montalcino men kraftigare och strävare än chianti. Lite mittemellan helt enkelt, och man blandar ungefär samma druvor som i Chianti.

SUPER-TUSCANS

Super-Tuscans, eller superbordsviner som de också kallas, är en företeelse som startade under tidigt 70-tal. Två familjer, Incisa della Rocchetta och Antinori, var först ut med att skapa varsitt vin, Sassicaia och Tignanello. Vinerna bröt mot de traditionella italienska vinlagarna i ambitionen att göra ett superbra vin, man använde bland annat andra druvor och andra fat än de som tidigare varit tillåtna. Eftersom man bröt mot lagen nedklassificerades vinet till "vino da tavola" – bordsvin – även om vinet egentligen kvalitativt sett var bättre. Termen Super-Tuscans eller superbordsvin föddes. Dessa två vingårdar skapade en hype runt vinerna som spreds runt hela världen. Naturligtvis har många andra vinmakare i Italien och i andra länder följt efter. I vintidningen *Decanters* stora cabernet sauvignontävling 1978 vann Sassicaia i konkurrens med viner från hela världen, inklusive några från absoluta toppslott i Bordeaux. Detta bidrog naturligtvis till att dessa viner blev kända över hela världen.

Idag finns en rad "superbordsviner" i Toscana som är gjorda på enbart sangiovese eller blandningar av sangiovese, cabernet sauvignon, cabernet franc, merlot och syrah och lagrade på små franska ekfat. Priserna är höga – men vilka viner!

UTANFÖR ITALIEN

En hel del druvor från Italien har hittat utomlands. Barbera och nebbiolo är exempel på italienska druvor som idag odlas i flera länder runt om i världen. Däremot har inte sangiovese spritt sig nämnvärt. Små odlingar av druvan går att finna i Kalifornien i USA, i Australien och i Argentina. Vinerna härifrån blir oftast lite mjukare och fruktigare och saknar den i Italien så vanligt förekommande friskheten och strävheten.

UTSEENDE, DOFT OCH SMAK

Sangiovese ger mycket varierande kvalitet och smak och vinerna spänner från väldigt lätta till otroligt kraftfulla och sträva. Detta beror på den uppsjö av kloner, undervarianter, som finns av druvan. Utöver sangioveses 100-tals kloner finns två typer av sangiovese: grosso och piccolo. Den förra producerar större druvor och större skördar medan den senare producerar små. Lägg därtill att många viner inte uteslutande görs på sangiovese utan blandas med andra druvor så förstår ni att det blir ganska svårt att på ett enkelt sätt beskriva sangiovesevinernas utseende, doft och smak.

Sangiovesedruvan innehåller inte särskilt mycket färgämne, vilket gör att vinerna får en relativt ljus röd färg. Druvan är också mycket känslig för oxidation, vilket brukar resultera i en orange kant när man har hällt upp vinet i glaset, en bra ledtråd för den som blindprovar vin.

Doften såväl som smaken varierar mycket, men ska man försöka förenkla så har vinet alltid en rustik doft och smak av saftig frukt och körsbär och den drar inte sällan åt det lite kärnbäriga hållet. Vinerna har nästan alltid en markerad friskhet och strävheten känns markant och torr.

KOMBINATIONER

Med en sådan variation kan viner på sangiovese naturligtvis matchas till en rad olika sorters maträtter. De enklare vinerna från Chianti kan vara utmärkta att skölja ner enkel mat med, det är inte alltid man vill dricka ett "avancerat" vin. Med enkelt vin menar jag inte dåligt utan bara att det inte är så dyrt, så komplext, så avancerat och så svåråtkomligt.

De lite kraftigare vinerna från chianti classico fungerar utmärkt till rustik italiensk mat på kyckling, kött och naturligtvis pasta. Eftersom syran och strävheten är framstående i dessa viner får rätten gärna innehålla någon form av fett, det dämpar känslan av syra och strävhet i vinet. Det kan till exempel vara en gräddig sås, smält ost eller olivolja i någon form. De riktigt kraftiga vinerna med Vino Nobile de Montepuliciano, Brunello di Montalcino och "Super-Tuscans" i spetsen rekommenderar jag till mer smakrik mat. Här kan vårt svenska viltkök passa utmärkt och kraftiga kötträtter kan vara på sin plats. Tänk dock på strävheten i vinet, den mildras av feta eller syrliga smaker i maten. Se också till att maten inte är för kryddstark eftersom det ökar känslan av strävhet i vinet.

Pappardelle med salsiccia, fänkål och pecorino

En riktigt rustik pasta med italiensk färsk korv, smakrik fänkål och pecorino. Passar utmärkt en kulen höstkväll. Och det hela sköljs naturligtvis ner med ett glas chianti - en lika enkel som genialisk regionskombination.

8 portioner

300 g pappardellepasta
1 vitlök solo, alt. 3 vitlöksklyftor
1 fänkålsstånd, 250 g
3 msk olivolja
4 salsicciakorvar (350 g), gärna med rosmarin
50 g valnötskärnor
2 dl finriven pecorinoost + lite mer till servering
2 färska fikon
flingsalt och nymald svartpeppar

DEKORATION
lite färsk rosmarin

Koka pastan enligt paketet och spar 2 deciliter av pastavattnet.

Skala vitlöken och hacka den grovt. Dela fänkålen och skär bort rotstocken. Strimla fänkålen tvärsöver och dela den sedan ett par gånger. Hetta upp olivoljan i en stor panna och fräs vitlök och fänkål utan att det tar färg. Ta upp och lägg åt sidan.

Skär ett långt snitt i varje korv och fläk upp dem. Skrapa bort köttet med baksidan av en kniv och släng korvskinnet. Smula eller hacka köttet grovt och fräs det i samma panna som vitlök- och fänkålsblandningen i cirka 4-5 minuter tills korvköttet är genomstekt. Blanda i valnötterna och låt dem fräsa med 1 minut. Tillsätt vitlök- och fänkålsblandningen. Blanda den avrunna pastan med korvblandningen i pastakastrullen. Häll i det resterande pastavattnet och blanda i osten. Salta och peppra efter smak.

Klyfta fikonen och stek dem hastigt. Dekorera med fikonklyftor och lite färsk rosmarin. Bjud gärna lite mer pecorinoost till.

Ryggbiff bourguignon med mandelpotatispuré

Sidfläsk, lök och champinjoner är perfekta smaksättare till köttet och purén är ljuvligt len till. Det här är en ganska enkel vinrätt, många röda viner passar till. En chianti classico kompletterar med sin extra smakrikedom, kärnbärighet och lätt syrliga avslutning det mustiga köttet, den krämiga purén och den lite syrliga såsen perfekt.

4 portioner

4 välhängda ryggbiffar med fettkappa
150 g rökt sidfläsk i bit
200 g skogschampinjoner
8 schalottenlökar
smör till stekning
flingsalt och nymald svartpeppar

RÖDVINSSÅS

1 schalottenlök
1 liten morot
35 g sidfläsk
1 msk smör
2 msk tomatpuré
5 dl stark köttbuljong
2 dl rödvin
2 msk soja
2 msk smör
1/2 msk potatismjöl utrört i lite vatten
1 tsk strösocker
salt och nymalen svartpeppar
ev. lite collorit (sockerkulör) att färga med

MANDELPOTATISPURÉ

700 g mandelpotatis, alt. vanlig mjölig potatis
2 dl gräddmjölk
2 msk smör
2 dl riven västerbottensost
1 tsk salt
nymald vitpeppar efter smak

Rödvinssås: Skala lök och morot och hacka lök, morot och fläsk. Fräs det i smöret i en vid kastrull så att det får lite färg. Lägg i tomatpuré och låt det fräsa med under omrörning några sekunder. Häll i buljong, vin och soja och låt koka utan lock tills cirka 3 deciliter återstår. Sila såsen i en ren kastrull. Vispa i smöret. Häll i potatismjölsredningen och låt det få ett uppkok. Dra kastrullen av plattan och smaka av med socker, salt och peppar. Håll varmt.

Mandelpotatispuré: Skala potatisen och koka den mjuk. Häll av vattnet.

Hetta upp gräddmjölken med smöret och tillsätt det i kastrullen medan du mixar med stavmixer till en puré. Tillsätt mer vätska om det behövs. Rör i osten och smaka av med salt och peppar.

Kött och tillbehör: Lägg köttet i rumstemperatur 1 timme innan tillagning. Tärna fläsket och dela svampen. Dela och skala lökarna. Fräs allt utom köttet i lite smör så att det får färg och fläsket blir knaprigt. Smaka av med lite salt och peppar. Ta upp och håll varmt.

Hetta upp en klick smör och låt det tystna i pannan. Torka av köttet och lägg i det, två biffar åt gången. Stek cirka 2 minuter på var sida. Ös med smöret. Salta och peppra ordentligt. Servera med tillbehören, den goda purén och gärna en sallad.

Lammlägg med rostad vitlöksky och pumpapuré

En mustig höstrått där läggen fått koka i vin och buljong i två timmar vilket gör dem härligt möra. Pumpapurén är söt och färggrann till. Denna smakrika och mustiga rätt kräver ett dito vin, en smakrik och kraftfull Vino Nobile di Montepulciano eller en Brunello di Montalcino passar perfekt. Det sträva och lite kantiga i vinet kommer att upplevas rundare och mjukare ihop med den krämiga purén.

4 portioner

4 lammlägg med ben, ca 350 g styck
2 msk provensalska kryddor
1 msk flingsalt
1 tsk nymald svartpeppar
2 msk smör
2 1/2 dl rött vin
2 1/2 dl kalvbuljong

PUMPAPURÉ

1 kg butternut squash
1-2 msk olivolja
1 dl crème fraiche
salt och nymald vitpeppar

ROSTAD VITLÖKSSKY

5-6 vitlöksklyftor
1/2 dl olivolja
1 rosmarinkvist
25 g smör
1/2 dl ekologisk crema di balsamico
1 tsk strösocker
salt och nymald svartpeppar
1/2 msk potatismjöl utrört i lite vatten

Lammlägg: Sätt ugnen på 175 grader. Skölj och torka läggen. Klappa in dem med örtkryddor, salt och peppar. Hetta upp smöret i en stor panna och bryn läggen runt om så att de får vacker färg. Lägg dem i en ugnsform. Häll vin och kalvbuljong i pannan och låt det fräsa ihop ett par minuter. Slå skyn i formen. Klä in formen med aluminiumfolie och ställ in den i ugnen. Sätt en timer på 1 timme (köttet ska vara totalt 2 timmar i ugnen).

Pumpapuré: Under tiden delar du pumpan och tar bort kärnorna. Lägg pumpahalvorna med snittsidorna upp i en ugnsform och ringla på lite olja. När timern har ringt för köttet ställer du in pumpan och sätter timern på ytterligare 1 timme så blir köttet och pumpan klara ungefär samtidigt. Pumpaköttet ska vara mjukt. Gröp ur det och lägg det i en mixer eller kör med mixerstav tillsammans med crème fraichen till en puré. Smaka av med salt och peppar.

Rostad vitlöksky: Häll av skyn från köttet i en skål. Linda in köttet i folien. Skär vitlöken i skivor. Hetta upp oljan i en vid panna och fräs vitlöken tillsammans med rosmarinkvisten tills löken precis börjar bli gyllene. Häll på skyn och låt den koka ner utan lock till två tredjedelar. Sila ner i en ny kastrull. Klicka i smöret och smaka av med balsamico, socker, salt och peppar. Vispa i potatismjölsredningen och låt skyn hastigt koka upp. Servera läggen med purén och skyn samt gärna en väl dressad sallad.

Tempranillo

Har ni hört ordet Rioja? Såklart! Har ni hört ordet tempranillo? Inte alls lika säkert. Dessa två är dock intimt förknippade med varandra. Rioja är ett välkänt vin i Sverige och de flesta känner igen namnet. De flesta har druckit det – även om det är färre idag än under Riojans storhetstid i Sverige vid millennieskiftet. De flesta tycker att vinet är gott och många har det fortfarande som sitt favoritvin. Långt ifrån alla har dock full koll på det där med Rioja. Är det en typ av vin, ett område eller en druva?

RIOJA

Rioja är ett vindistrikt i nordöstra Spanien, strax sydväst om Pamplona. Det räknas som ett av Spaniens förnämsta vinområden och även om också vitt vin produceras där så är merparten av vinerna röda. Riojas viner är nästan uteslutande blandade viner och tempranillo står oftast för den större delen (70-90 %) i blandningarna. Traditionellt har sju druvor varit tillåtna att göra vin på i Rioja. På röda sidan druvorna tempranillo, garnacha, graciano och mazuelo och på vita sidan viura, malvasia och den idag sällan använda garnacha blanca. Sedan 2007 får man dock använda fler druvor, bl.a. chardonnay, sauvignon blanc, verdejo, maturana tinta och monastel. De röda vinerna kan vara gjorda på en eller flera av de röda plus, inte sällan, en liten del av de vita druvsorterna.

Eftersom varierande alkoholhalt, de olika odlingarna med sina skiftande jordmån och klimat och framförallt de olika druvorna ger vinerna deras karaktär spänner riojavinerna över ett brett spektra av olika vintyper.

TEMPRANILLO OCH DESS OMRÅDEN

Riojadistriktet är druvan tempranillos mest kända bas men den odlas också på en rad andra platser både i Spanien och i resten av världen. Ett stenkast från Rioja ligger Navarradistriktet som sträcker sig i nordöstlig riktning mot staden Pamplonas utkanter. Navarra och Rioja har gemensam historia och många likheter. Man odlar mer eller mindre samma druvor, man gör samma blandningar och vinerna liknar varandra. I Navarra är druvan tempranillo den näst mest odlade. Trots alla likheter hör vi dock sällan talas om Navarra, distriktet har kommit i skymundan av storebror Rioja. På senare tid har dock Navarra fått mer och mer uppmärksamhet i vinvärlden. Innovationerna och experimentlustan vad gäller odling och vintillverkning av internationella icke-spanska druvor har fört fram Navarra i rampljuset.

Ribera del Duero, strax sydväst om Rioja, är ett starkt kvalitetsinriktat vindistrikt. Här ger tempranillo, ibland blandat med andra druvor såsom garnacha, cabernet sauvignon, malbec och merlot, kraftiga och lagringsdugliga viner. De här vingårdarna ligger runt floden som, när den rinner vidare genom Portugal, blir den kända Duero-floden som löper genom portvinsdalen.

Ett annat viktigt område att nämna när vi pratar om Spanien är Priorat som ligger sydväst om Bar-

celona. Här odlas dock inte så mycket tempranillo. Priorat är ett mycket gammalt vinområde som gick i träda under de år som stora delar av Spanien satsade på volym men som nu återuppstått. Under 1990-talet erhöll området kultstatus och idag är det ett av två områden, Rioja är det andra, som delar den högsta klassificeringen DOCa (Denominación de Origen Calificada).

Ribera del Duero och Priorat har på senare år seglat ikapp – och kanske även om – Rioja som Spaniens kvalitetsområde nummer ett. Härifrån kommer några av Spaniens mest kända, finaste och dyraste viner. Namnet tempranillo har druvan fått av att den mognar tidigt, "temprano" betyder tidigt på spanska.

DRUVAN OCH DESS VIN

Tempranillo har tjockt skal vilket ger sträva viner med mycket kraftig färg och god lagringsduglighet. Syran är oftast låg till medelhög. De dofter och smaker som associeras med druvan är jordgubbe, viss kryddighet och läder. I övrigt har druvan inga utmärkande egenskaper.

Tempranillos brist på vissa egenskaper och rikedom när det gäller andra gör att den ofta blandas med andra druvsorter vilket märks i exempelvis Rioja där man nästan uteslutande blandar druvor i vinerna. Tempranillo ger färg och lagringsduglighet, granacha kropp och alkohol, graciano ger friskhet och smak och mazuelo förstärker temranillons karaktär av strävhet och färg.

I Rioja lagras vinerna traditionellt på amerikanska ekfat som ger en utpräglad vaniljsmak åt vinet. Det gäller framförallt viner med kvalitetsbeteckningen reserva eller gran reserva, som anger hur länge de lagrats på fat och flaska. De traditionella riojavinerna är oftast mycket bra matviner – som man gärna tar ett glas till av. Den långa lagringen gör dem relativt runda och mjuka i sig själva och de tar inte över maten som många powerviner kan göra. På senare tid har en ny stil av rioja uppstått som brukar kallas modern rioja. Här är franska ekfat vanligare som är hårdare rostade och då ligger vinerna oftast kortare tid. Detta ger viner med en helt annan karaktär än den traditionella riojans – mer kraft och karaktär, mörkare bärighet och rostat fat. Viner på tempranillo kan alltså vara allt ifrån lätta och fruktiga till kraftiga och sträva.

TEMPRANILLO OCH MAT

De lätta vinerna utan fatlagring (från Valdepeñas och La Mancha samt vissa rioja- och navarraviner utan fat) är utmärkta till lätta rätter som pasta eller paj med grönsaker och ost. De kan också fungera utmärkt till rätter av ljust kött som kyckling. Man behöver inte ha någon fetma i maten att balansera med eftersom tempranillo ger låg syra i vinet.

De kraftigare, fatlagrade vinerna från Rioja och Navarra fungerar till lamm-, ox- och fläskkött. Eftersom de här vinerna har fått mogna på fat behövs ingen fetma eller syra i maten för att banta strävheten i vinet. Medelstarka ostar passar också bra till dessa viner.

De riktigt kraftiga vinerna med strävhet och markerad fatkaraktär (från Ribera del Duero och Priorat samt modern rioja) är bra till kraftigare kötträtter, gärna vilt. Någon form av fetma är bra till – ett kryddsmör eller en krämig potatis- och rotfruktsgratäng. Fetman mildrar strävheten i vinet som upplevs mjukare.

Oxfilé Wellington

En riktig sjuttiotalsklassiker som förtjänar en comeback. På samma sätt förtjänar också riojavinet en comeback, välj en reserva eller gran reserva. Vinets plommonaktiga fruktighet, vaniljaktiga fattoner och runda och mjuka smak blir perfekt till.

4 portioner

700 g oxfilé, helst en mittbit
flingsalt och nymald svartpeppar
150 g krämig lantpaté
1 smördegsark, 250 g
1 äggula

DUXELLE

150 g champinjoner
1 stor morot
1 stor schalottenlök
1 msk smör
salt och nymald svartpeppar

PORTVINSSKY

1 schalottenlök
1 msk smör
1 msk rörsocker
1 dl portvin
4 dl kalvbuljong
ev. lite maizenaredning

TILL SERVERING

150 g lättkokta gröna bönor med olivolja och flingsalt

Oxfilé: Sätt ugnen på 175 grader. Börja med att putsa köttet och bryna det lätt runt om i smöret så att det får fin färg. Salta och peppra generöst och ställ det åt sidan.

Duxelle: Hacka svampen mycket fint, cirka en halv gånger en halv centimeter stora tärningar. Skala morot och lök och hacka det lika smått. Hetta upp smöret och bryn först lök och morötter tills det mjuknar men inte bränns vid. Tillsätt svampen och stek med den tills den är klar. Salta och peppra lätt och låt svalna en aning.

Blanda patén med duxellen och bred det över köttet. Rulla in det i smördegen och stäng alla kanter med lite äggula. Pensla hela rullen med äggula och lägg den i en ugnsfast form. Baka i ugnen cirka 35-40 minuter. Låt vila cirka 5-10 minuter innan du skär upp det.

Portvinssky: Skala och finhacka löken och bryn den i smöret i en kastrull utan att den tar färg. Pudra över sockret och häll på portvin och buljong. Låt sjuda i 10 minuter utan lock tills ungefär hälften återstår. Red eventuellt av med lite maizenaredning. Servera skyn och bönorna till köttet.

Tournedos Rossini på jordnära sätt

Jag hoppar brödet och tryffeln och lägger dit en skiva bacon istället. Försök få tag på anklevermousse från ankor som inte har tvångsmatats. En mustig och smakrik rätt som kräver ett mustigt och smakrikt vin, vilket du hittar i spanska viner från distrikten Ribera del Duero eller Priorat. Eller välj en modern rioja. Alla dessa viner bjuder på smakrikedom, kraft och karaktär.

4 portioner

600 g oxfilé av mittbiten
4 skivor bacon
1 msk smör
salt och nymalen svartpeppar
4 msk anklevermousse eller fin leverpastej

RÖDVINSSÅS

1 schalottenlök
1 liten morot
1 baconskiva
1 msk olivolja
2 msk tomatpuré
4 dl stark köttbuljong
2 dl rödvin
2 msk soja
2 tsk socker
salt och nymalen svartpeppar
ev. 3-4 msk maizenaredning för mörka såser
2 msk smör

TILL SERVERING

ugnsrostad potatis eller potatisgratäng
gröna bönor eller sparris

Rödvinssås: Skala och finhacka löken. Skala moroten och tärna den och baconet fint. Fräs lök, morot och bacon i oljan i en kastrull så att det får lite färg. Lägg i tomatpuré och låt det fräsa med under omrörning några sekunder. Häll i buljong, vin och soja och låt det koka utan lock tills cirka 5 deciliter återstår. Låt grönsaker och bacon vara kvar och mixa slätt. Smaka av med socker, salt och peppar. Om du vill kan du reda av med maizenaredningen enligt förpackningen. Klicka i smöret och låt det smälta.

Tournedos: Skär filén i fyra bitar. Linda baconskivorna runt köttets sidor och fäst med en cocktailpinne. Hetta upp smöret och bryn köttet runt om cirka 5-6 minuter. Ställ pannan åt sidan och låt köttet ligga kvar däri några minuter. Salta och peppra efter smak. Lägg en skiva anklevermousse på varje köttbit och servera med såsen, potatis och grönsaker.

Tre tapas

Det är trevligt att på spanskt vis bjuda på tapas. De här tre är matiga och kan med ett gott bröd absolut ersätta en middag. Ett lite lättare rödvin som gärna får serveras aningens kylt passar perfekt till. Det kan vara en lättare rioja, till exempel crianza, eller andra spanska lite billigare viner på druvan tempranillo, exempelvis från La Mancha eller Navarra.

4-6 portioner

LÅNGSAMT STEKT FLÄSKSIDA

(Ca 10-12 skivor)

1 kg rimmat sidfläsk i bit med svål
1-2 msk torkade provensalska kryddor
olivolja till stekning

TORTILLA ESPAÑOL

(Ca 10-12 bitar)

4 stora potatisar
1 gul lök
3 vitlöksklyftor
1 dl olivolja
5 ägg
1 tsk strösocker
1 tsk salt

VITLÖKSCHAMPINJONER

(12 stycken)

12 medelstora champinjoner
1 dl hackade färska blandade örter
2 vitlöksklyftor
1 dl olivolja
1/2 tsk salt

Långsamt stekt fläsksida: Sätt ugnen på 150 grader. Skär ett diagonalt, tätt rutmönster i svålen med en mycket vass kniv. Lägg köttet med svålsidan upp i en ugnsform och ställ in den i mitten av ugnen. Låt gå i ugnen tills innertemperaturen mäter 70 grader, det tar cirka 1 ½ timme.

Låt köttet svalna lite och klappa sedan in svålen med örterna. Hetta upp en panna med lite olivolja och stek köttet med svålsidan ner ett par minuter. Skär i skivor och servera som plockmat.

Tortilla español: Skala potatisen och tärna den fint. Lägg den i kallt vatten så att den inte mörknar. Skala och hacka lök och vitlök. Hetta upp det mesta av olivoljan i en liten stekpanna. Häll av potatisen i ett durkslag och stek potatis, lök och vitlök sakta på svag värme tills potatisen är mjuk. Vispa ihop äggen med socker och salt och häll det över potatisblandningen. Stek tortillan på svag värme tills den stelnar. Lyft längs kanterna då och då och låt äggsmeten rinna in under omeletten. Lägg en tallrik över pannan och vänd så att tortillan hamnar på tallriken. Fös över den i pannan igen och stek på andra sidan ett par minuter. Låt den svalna helt och skär i tårtbitar.

Vitlökschampinjoner: Sätt ugnen på 225 grader. Skär bort foten på champinjonerna. Lägg hattarna med den skurna sidan upp i en ugnsform. Lägg örterna i en skål. Skala och riv vitlöksklyftan och blanda den, oljan och saltet med örterna. Häll det i champinjonhattarna och gratinera i ugnen cirka 10-12 minuter. Servera med gott bröd att suga upp den härliga oljan med.

Syrah - Shiraz

I vinböckerna presenteras alltid originalet från Rhônedalen i Frankrike – syrah – först och ”kopian” från Nya världen, shiraz, som tvåa. Idag är det nog dock fler som känner till shiraz som druvnamn. I Rhônedalen heter druvan utan tvivel syrah och den går under samma namn i nästan hela Europa. I Australien kallas den nästan uteslutande för shiraz. I övriga Nya världen använder man olika namn lite beroende på hur vinet smakar. En sydafrikansk shiraz liknar en shiraz från Australien medan en sydafrikansk syrah mer påminner om den klassiska franska varianten.

Man trodde länge att syrahdruvan hade sitt ursprung i Mellanöstern, i staden Shiraz i sydöstra Iran. Genom modern dna-teknik har man dock fått reda på att druvan snarare är en korsning mellan druvorna mondeuse blanc och dureza från områdena Savoie och Ardèche som båda ligger relativt nära Rhône i Frankrike. Syrah är druvan bakom kända kvalitetsviner från Rhône, bland annat Côte Rôtie, hermitage och cornas. Kvantiteten hittar vi dock i Australien. Man tror att James Busby tog med sig druvan dit efter sin resa i Europa på 1830-talet. Shiraz blev snabbt en av Australiens basdruvor med volymviner som följd. Först på senare år har den fått ett uppsving som kvalitetsdruva även i Australien.

Även om syrah ursprungligen kommer från Rhônedalen i Frankrike och druvan under namnet shiraz har starka kopplingar till Australien odlas den idag nästan överallt. Den är vanlig i Provence och i de sydvästra delarna av Frankrike. Den odlas i nästan hela Italien, i Sydafrika har den slagit igenom rejält på senare år och man hittar den naturligtvis också i Chile och Argentina. Hetast just nu är den kanske ändå i USA, där det finns en hel grupp av odlare som går under namnet Rhône Rangers. De förespråkar alla druvor som odlas i Rhônedalen, naturligtvis med syrah i spetsen. Men det tog tid innan syrah fick sitt erkännande, under lång tid odlades druvan nästan bara i Rhône och i Australien. En av anledningarna till att den inte varit så populär är att den är lite knepig att göra vin på. Man kan säga att den är lite av cabernet sauvignons motsats, då cabernet sauvignon är svår att odla men lätt att göra vin på är syrah precis tvärtom.

I norra Rhône gör man röda viner på enbart syrah, eventuellt blandar man med en aning av den gröna

Ett av de lite udda vinerna på druvan Shiraz är Sparkling Shiraz. Det är helt enkelt ett rött mousserande vin som ska serveras kallt och som överraskar rejält i smaken. Det är en specialitet från Australien som en del älskar och andra hatar. Bubblor, strävhet, mörk bärighet och både vitvins- och rödvinskänsla blandas i ett vin. För att det ska vara riktigt gott krävs sol, glada vänner och en BBQ på känguru.

druvan viognier. I södra Rhône, där de mest kända vinerna kommer från Châteauneuf-du-Pape strax norr om Avignon, är syrah bara en av upp till tretton olika druvor som ofta blandas. I sydvästra Frankrike, i Languedoc-Roussillon, gör man blandviner där syrah ger stöd och bas åt traktens lite lättare druvsorter. I Australien gör man en blandning som nog de flesta har stött på, cabernet/shiraz eller tvärt om. Det är en väl beprövad kombination, redan på 1800-talet blandade man syrah i Bordeauxviner baserade på cabernet sauvignon och merlot för att öka färg, kraft och karaktär.

HUR BLIR VINERNA OCH VAR KOMMER DE IFRÅN?

Syrahdruvan ger generellt mörka viner, ibland nästan svarta. Doft och smak är oftast packad med bärighet, både ljusa och mörka bär: hallon, svarta vinbär, mullbär, björnbär, körsbär och plommon. En örtig pepprighet och toner av rökighet och choklad är också vanlig. Syrahviner är nästan alltid sträva, har hög alkoholhalt och en pigg syra, åtminstone de unga vinerna från Rhône. Druvan passar bra för fatlagring, vilket snarare är regel än undantag. Naturligtvis skiljer sig vinerna åt en hel del beroende på var de kommer ifrån och vilket prisläge de har. En något förenklad uppdelning skulle kunna göras mellan vinerna som produceras i Rhônedalen och de som produceras i Australien och övriga Nya världen. Det svalare klimatet i Rhône ger smak av svarta vinbär och körsbärskärnor samt tydlig vit- eller svartpepparkaraktär, medan Australiens varma klimat ger vinet en sötare ton av mörka skogsbär och choklad. Även vinets lagringsbarhet påverkas av var druvan har odlats. Vinerna från Rhône kan sparas längre än varianterna från Nya världen.

ATT KOMBINERA SYRAH – SHIRAZ MED MAT

De kraftiga syrahvinerna från norra Rhônedalen och kvalitetsvinerna på shiraz från Nya världen kräver kraftig mat. Tänk på att vinet ofta har hög strävhet. Både fetma och syra dämpar strävheten i vinet, så försök att balansera genom att servera feta eller syrliga rätter. Vilt eller nötkött med kraftiga tillbehör, exempelvis en gräddig potatisgratäng eller sås med vinäger, vin eller lingon, fungerar bra. De lite brända och rökiga smakerna i grillad mat passar också bra tillsammans med den kryddiga och peppriga smaken i syrah- och shirazviner.
De lite lättare vinerna på syrah från södra Rhônedalen, södra Frankrike och Nya världen är inte lika smakrika och kraftfulla och har ofta betydligt mindre strävhet men inte sällan en viss friskhet. Först och främst gäller det att matcha rättens smakintensitet och nötkött, kalv eller kyckling passar bättre än vilt. Servera inte heller alltför smakrika tillbehör, hoppa över portvinssåsen och satsa på något tomatbaserat i stället. Det gäller också att balansera vinets syrlighet, enklast med lite syra i maten.

En spännande kombination är att ta ett ungt Côtes du Rhône-vin med utpräglad friskhet och kombinera det med smakrika fiskrätter. Fisken får gärna vara grillad och serveras med smakrika tillbehör som dämpar vinets strävhet, kanske svamp eller någon gräddig sås eller gratäng. För att hjälpa kombinationen på traven kan man kyla vinet något, till 15-18 grader. Genom att kyla ett rödvin framhäver man friskheten, vinet antar lite vitvinskaraktär och vips kan man servera rödvin till rätter som man ofta instinktivt tänker sig ett vitt vin till.

Lammburgare med svampstuvning och picklad rödlök

Saftiga och lyxiga burgare kräver ett gott vin! En smakrik och kryddig shiraz från Nya världen blir en bra kompis till denna rätt. Var inte rädd för smakrika viner med mycket strävhet här - den krämiga stuvningen kommer att lindra vinet till en rund och mjuk upplevelse. Gör gärna den picklade löken dagen innan.

4 portioner

500 g lammfärs
1 tsk salt
1 tsk nymald svartpeppar
timjan
1 msk smör
4 surdegsbröd

SVAMPSTUVNING

150 g blandad svamp
1/2 gul lök
2 msk smör
2 dl vispgrädde
1 tsk torkad timjan
2 msk sherry eller portvin
2 msk soja
salt och nymald svartpeppar

PICKLAD RÖDLÖK

1/2 dl ättiksprit, 12 %
1 1/2 dl vatten
1 dl strösocker
1 tsk salt
15 svartpepparkorn
3 rödlökar

Picklad rödlök: Koka upp ättiksprit, vatten, socker, salt och pepparkorn tills sockret löst sig. Låt blandningen svalna i en bunke. Skala och skiva löken. Lägg den i lagen och täck över. Ställ i kylen, gärna över natten.

Svampstuvning: Skär svampen i mindre bitar. Skala löken och hacka den fint. Om svampen är nyplockad ska du först koka ur vätskan ur svampen i en torr panna. Hetta sedan upp smöret i en panna och fräs svamp och lök i cirka 5 minuter. Häll på grädde och timjan och låt sjuda utan lock tills grädden nästan kokat in och blivit krämig. Tillsätt sherry eller portvin och soja. Låt det koka upp och smaksätt med salt och peppar.

Burgare: Blanda färsen med salt, peppar och timjan. Forma fyra burgare och stek dem på medelvärme i smöret cirka 2-3 minuter på varje sida. Servera burgarna på bröden med sallad, svampstuvning och picklad lök.

Lammytterfilé med lingonglaze och sötpotatiskräm

Smak av skog och äng med en len kräm av sötpotatis. Syran från lingon gör att vi med fördel kan välja ett vin med lite syrlighet. Ni vet - två likadana smaker blir rundare och mjukare tillsammans än var och en för sig. Jag tänker främst på en Côtes du Rhône med kryddighet, toner av skogsbär och just lite frisk syrlighet i eftersmaken.

4 portioner

600 g lammytterfilé
flingsalt och nymald svartpeppar
1 msk smör

LINGONGLAZE

1 dl rårörda lingon
1/2 tsk finhackad färsk rosmarin
1 tsk koncentrerad kycklingfond

SÖTPOTATISKRÄM

700 g sötpotatis
1 msk kycklingfond + vatten
1 dl crème fraiche
salt och nymald vitpeppar

Sötpotatiskräm: Skala sötpotatisen och skär den i mindre bitar. Lägg den i en kastrull och häll i vatten och kycklingfond så att det precis täcker. Koka den mjuk och slå bort vattnet men spar 1 deciliter. Håll varmt medan du gör glazen och steker köttet.

Mixa sedan potatisen och kokspadet till en puré. Hetta upp purén och vispa i crème fraiche så att det blir en slät, lös kräm. Låt allt bli varmt och smaka av med salt och peppar.

Lingonglaze: Koka upp lingon, rosmarin och fond och låt det sjuda ett par minuter under lock. Sila bort bären.

Lammytterfilé: Putsa köttet från eventuella hinnor. Salta och peppra ordentligt runt om. Hetta upp smöret i en stor panna och bryn köttet runt om så att det får vacker färg. Sänk värmen och stek ett par minuter till, totalt cirka 5 minuter. Pensla på glazen och dra pannan från värmen. Servera med sötpotatiskrämen och resten av glazen.

Älggryta med rotfrukter och svamp

På hösten finns det ingen anledning att äta annat än viltkött. Har du ingen i närheten som jagar brukar det finnas viltkött i butik så här års. Det är miljövänligt, smart och underbart gott. En mustig och smakrik rätt som den här mår bra av ett smakrikt vin. Den krämiga dinkeln till gör att vinet gärna får ha extra strävhet. Välj ett vin från Rhône - Côte Rôtie, hermitage eller cornas - eller viner från Nya världen som de kallar "syrah" istället för "shiraz".

4-6 portioner

1 kg grytkött av älg
200 g rökt sidfläsk
2 lagerblad
1 msk torkad timjan
2 dl rött vin
1/2 dl balsamico
7 dl viltbuljong
1 gul lök
2 medelstora palsternackor
3 medelstora morötter
2 msk smör
250 g färsk svamp
3 msk maizenaredning
1 tsk salt och nymald svartpeppar efter smak

KRÄMIG DINKEL

3 dl hel dinkel
1 dl crème fraiche
1 1/2 dl riven lagrad ost
lite salt och nymalen svartpeppar

Gryta: Skär köttet i kuber och tärna fläsket i centimeterstora bitar. Hetta upp lite smör i en stor panna och bryn kött och fläsk i omgångar tillsammans med lagerblad och timjan så att köttet får vacker färg. Lägg över i en stor gryta och häll på vin, balsamcio och buljong. Låt sjuda under lock i 1 timme. Skala löken och skär den i klyftor, skala rotfrukterna och skär dem i grova slantar. Bryn det i lite smör. Stek svampen för sig, om den är nyplockad ska du först steka ur vattnet ur svampen i en torr panna. När det är cirka 10 minuter kvar av koktiden tillsätter du löken, rotfrukterna och svampen i grytan och låter det koka med. Red med maizenaredningen och smaka av med salt och peppar.

Krämig dinkel: Koka dinkeln enligt paketet och häll av eventuell överflödig vätska. Blanda i crème fraiche och riven ost och smaka av med salt och peppar. Servera till grytan.

Zinfandel

Detta är USA:s egen druva, det är alla överens om. Hur den blev det har dock alltid omgärdats av frågetecken. Är det verkligen en amerikansk druva? Har den eller har den inte släktskap med druvan primitivo från Italien? Och om den har det, hur kom den i så fall till USA? Och hur smakar den, blaskigt och lätt sötaktigt eller mörkt och kraftfullt?

Man trodde länge att zinfandel, eller zin som den kallas i USA, kom från södra Italien där det finns en liknande druva som heter primitivo. Andra hade teorier som blandade in både Frankrike och Ungern. Med hjälp av dna-teknik har man kunnat fastställa att zinfandeldruvan har sitt ursprung i Kroatien, i en druva som heter crljenak. Druvan spred sig till södra Italien och blev primitivo, och på 1820-talet kom den till Long Island. Idag har zinfandel sitt absolut starkaste fäste i Kalifornien där den har odlats sedan 1850-talet. Den fick sitt första genombrott under guldruschen och blev snabbt populär hos både odlare och vindrickare. Druvan överlevde både vinlusen i slutet av 1800-talet och förbudstiden 1919-1933 och på 1980-talet fick den sin andra stora "boom" när en rad mindre men seriösa vinproducenter, med Ravenswood, Seghesio och Ridge i spetsen, började experimentera med druvan med målsättningen att göra riktigt högkvalitativa viner.

Från att ha varit en volymdruva blev den även en prestigedruva av yppersta klass. Zinfandel odlas även på andra håll i USA. På senare år har den också börjat dyka upp på andra håll i världen, det finns mindre odlingar i Australien, Sydafrika, Nya Zeeland, Chile, Argentina och Frankrike.

HUR BLIR VINERNA OCH VAR KOMMER DE IFRÅN?

Zinfandel har en otroligt bred repertoar och vinerna kan variera mycket. Druvan ger allt ifrån blaskigt, lätt sötsliskigt rosévin till megakraftigt, uppspritat portvinsliknade rödvin. Anledningarna till detta är flera. Man har bland annat tvingats anpassa slutprodukten efter rådande marknadsläge eftersom druvan har varit så utbredd. Röda viner var till exempel ganska ute i USA under 1980-talet och vad skulle man då göra när alla vinfält var odlade med rödvinsdruvan zinfandel? Lösningen blev ett vitt vin på den röda druvan – white zinfandel – som snabbt fick smeknamnet blush wine på grund av sin lätt rosaaktiga färg.

Men det finns också andra anledningar till variationsrikedomen. Kalifornien är stort och där finns många olika klimatzoner, så var druvan odlas spelar roll. Det gör också rankornas ålder, hur man beskär dem samt hur mogna druvorna är när man skördar. Zinfandelklasarna mognar ojämnt, på en klase kan hälften av druvorna vara gröna och hälften mogna. Struntar man i att selektera och låter omogna druvor följa med i blandningen får man ett vin med omogen, lite kantig smak. Alternativet är naturligtvis att göra som de riktigt seriösa och tunna ur skörden. Genom att klippa bort alla klasar som inte är jämnt mogna kan man sedan skörda enbart mogna klasar. En dyr metod, men den resulterar i goda viner. Man kan också skörda druvorna för hand allteftersom de mognar.

ATT KOMBINERA ZINFANDEL MED MAT

Eftersom zinfandel ligger bakom så många olika viner i olika stilar är det väldigt svårt att generellt precisera hur de doftar och smakar. Om vi riktar in oss på de röda vinerna finns det gemensamma karaktärer i doft och smak: den solmogna, fruktiga och saftiga bärigheten är en zinfandel sällan utan. Man talar ofta om mörka bär som körsbär och björnbär men även ljusare bärsorter som hallon eller jordgubbar kan vara aktuellt. En lätt kryddighet är inte heller ovanlig.

För att förenkla det något kan vi dela upp vinerna i två grupper: de lite lättare och de lite tyngre. Det funkar inte alltid, men man skulle också kunna säga de lite billigare och de lite dyrare.

De lättare varianterna har en tydlig sötaktig och bärig ton som ofta ger associationer till mörka bär, ibland även till hallon och jordgubbar. Vinerna är mjuka och runda med mjuk syra och de har framförallt en mjukt balanserad strävhet. Det här är viner som är enkla att dricka. De har sällan legat på fat och alkoholhalten är normal. Oftast är de gjorda för att drickas direkt, de kan möjligtvis sparas i något år eller två.

De tyngre vinerna är väldigt mörka i färgen. Doft och smak är kraftfullt fylliga men fortfarande med samma generösa, mogna bärighet. De har smak av mörka plommon, mörka körsbär och björnbär som ibland är så sötaktig att bärsmaken upplevs som torkad. Alkoholhalten är hög, ofta mellan 15 och 17 % och syran är fortfarande mjuk men med betydligt mer strävhet, fatkaraktär och kryddighet. Dessa viner går att lagra så att strävheten bantas, dock inte för länge eftersom syran i vinet ofta är relativt låg. Man brukar därför inte rekommendera lagring i mer än cirka tio år. De tyngre zinfandelvinerna kan vara rejält sträva nästan utan att man märker det eftersom den mogna, lätt sötaktiga fruktigheten har en förmåga att bädda in strävheten.

Alla zinfandelviner smakar mycket, vilket innebär att de ska serveras till smakrik mat. Hur smakrik den ska vara beror dock på hur kraftig zinfandel du väljer. Sötma i maten är inget problem i något av fallen tack vare fruktsötman i vinet. Björnbärsgelé till steken, portvin i såsen eller lite balsamvinäger till rätten gör bara gott. Salta tillbehör som bacon eller lufttorkad skinka passar också bra eftersom vinets sötma möter det salta i maten.

Grillat kött, eller kanske ännu hellre BBQ med sina lite brända och kryddiga smaker, är liksom vilt klassiker tillsammans med zinfandel. Det smakrika köttet, som ofta serveras tillsammans med rustika och smakrika tillbehör och såser, är perfekt till en smakrik zinfandel.

Zinfandelviner kan också rekommenderas till lite mer kryddstark mat. Dels finns en kryddig karaktär i vinet som är trevlig att plocka upp, dels gör den generösa fruktigheten med söta toner som följd att kombinationen blir riktigt bra eftersom sötma och hetta verkar lindrande på varandra. Välj dock inte de kraftigaste och strävaste vinerna, då finns risk att hettan i maten istället förstärker strävheten.

De lättaste zinfandelvinerna fungerar riktigt bra som "sippviner". Den söta fruktigheten, milda syran och mjuka strävheten gör att både ett och två glas slinker ner om man vill dricka vin utan något till.

Zinfandel har upptäckts av världens vindrickare och fått en bred skara hängivna anhängare. Entusiaster som verkligen har fallit för druvan har till och med fått ett namn - zinatics. De brukar beskriva druvan och dess vin med orden "zensual, zesty and zeductive". För er som är sugna på mer information om zinfandel finns ZAP - Zinfandel Advocates & Producers, en organisation som helt snöat in på zinfandel. Mer info finns på www.zinfandel.org

Grillad pizza med karamelliserad rödlök och ädelost

Underbart god att klippa eller bara riva i bitar och äta med händerna till ett glas zinfandel. Det söta från löken och det salta från osten gör att en lite solmogen, söt bärighet i vinet inte skadar. Just detta hittar vi ofta i zinfandelvinerna.

4 portioner

25 g jäst
2 1/2 dl vatten, 37 grader
1 tsk havssalt
1 msk olivolja
6 dl specialvetemjöl

FYLLNING

3 rödlökar
2 msk smör
1 msk rörsocker
1/2 tsk salt
100 g ädelost

Smula jästen i en bunke till en köksassistent och häll på det ljumna vattnet. Tillsätt havssalt och olivolja och låt maskinen gå tills jästen är helt upplöst. Tillsätt mjölet lite i taget och låt maskinen arbeta degen i 10 minuter. Jäs under bakduk i 30 minuter till dubbel storlek.

Under tiden skalar du löken och skär den i ringar. Stek den mjuk i smöret på medelvärme. Strö på sockret och saltet och rör om tills sockret smälter.

Olja in grillgallret på grillen. Dela degen i fyra delar och kavla ut dem tunt. Pensla båda sidor av pizzabottnarna med olivolja. Lägg på en i taget och grilla ett par minuter utan lock. Vänd pizzan försiktigt och lägg på löken och ädelosten. Lägg på lock och grilla ytterligare 3-4 minuter. Salta och peppra efter smak.

Grillad lammentrecote
med mustig tomat- och olivsås samt pistagesmör

Självklart kan du använda nötentrecote om du inte får tag i lamm. En smakrik, kryddig och skogsbärig zinfandel passar perfekt till. Välj gärna de lite dyrare varianterna som är något stramare och mindre sötaktiga.

4 portioner

600 g hel lammentrecote
flingsalt och nymald svartpeppar

PISTAGESMÖR
25 g pistagemandelkärnor
150 g rumsvarmt smör
1/2 tsk salt

TOMAT- OCH OLIVSÅS
1 gul lök
1 vitlök solo, alt. 3 vitlöksklyftor
1/2 dl olivolja
1/2 dl vitt vin
500 g finkrossade tomater
2 dl kalamataoliver
2-3 msk färsk hackad oregano
1 tsk strösocker
salt och nymald svartpeppar

Pistagesmör: Hacka pistagemandeln och rosta den lätt 1 minut i en panna. Akta, det bränns lätt! Häll upp på ett fat och låt svalna. Blanda med smöret och smaka av med salt. Rulla till en rulle och klä in i smörpapper. Kyl ett par timmar, gärna över natten.

Tomat- och olivsås: Skala och hacka lök och vitlök. Hetta upp oljan i en vid kastrull och låt lök och vitlök svettas utan att ta färg. Häll i vinet och låt det fräsa med någon minut. Tillsätt tomaterna och oliverna och låt sjuda utan lock på medelvärme i 15 minuter. Tillsätt oregano och smaka av med socker, salt och peppar.

Lammentrecote: Grilla köttet ett par minuter runt om tills det får en fin yta. Flytta till ett mindre varmt ställe på grillen och grilla till en innertemperatur av 58 grader eller låt det gå klart i ugnen på 125 grader. Låt köttet vila 5 minuter innan du skär upp det i cirka 2 centimeter tjocka skivor. Salta och peppra generöst och servera med såsen och smöret.

LISEN TIPSAR

Att använda burktomater av god kvalitet när du gör tomatsås är bättre än trötta färska utan smak har jag lärt mig av en italiensk kvinna. De skördas i sin bästa säsong och konserveras direkt.

Grillad BBQ-biff med chilimajonnäs och sötpotatisstrips

En välhängd biff med BBQ-sås, chilimajonnäs och krispiga sötpotatisstrips rockar loss tillsammans med en smakrik zinfandel. Eftersom den här maträtten har lite sötma från BBQ-såsen och dessutom lite hetta är det viktigt att vinet inte är för stramt och kärvt. En smakrik och solmogen zinfandel blir perfekt till.

4 portioner

4 välhängda biffar med fettkappa, ca 700 g, rumsvarma
flingsalt och nymald svartpeppar

CHILIMAJONNÄS (alla ingredienser ska ha rumstemperatur)

2 äggulor
2 tsk fransk senap
1 msk pressad citron
1 krm salt
2 dl olivolja
1 vitlöksklyfta
flingsalt
1 stor chilifrukt, delad och urkärnad

RÖKIG BBQ-SÅS, 2 1/2 DL (el. använd köpt)

3 dl ketchup
3 msk mörkt muscovadosocker
2 msk äppelcidervinäger
2 msk rökt paprikapulver
2 rivna vitlöksklyftor
1 msk senapspulver
1 tsk chiliflagor
1-2 tsk rökessens

SÖTPOTATISSTRIPS

700 g sötpotatis
2 dl vetemjöl
2 tsk salt + mer till servering
3 ägg
2 dl panko
1 liter frityrolja

TILL SERVERING

grillade tomathalvor och majskolvar

Chilimajonnäs: Lägg äggulor, senap, citron och salt i en stor vid skål. Häll oljan i en kanna med pip. Använd ballongvisp och vispa ihop äggulor, senap, citron och salt. Tillsätt oljan medan du vispar, först droppvis och sedan i en tunn, fin stråle. Vispa kraftigt hela tiden så att mycket luft kommer in. När majonnäsen börjar tjockna kan du hälla oljan i en lite kraftigare stråle. Skala och grovhacka vitlöksklyftan och mosa den med knivbladets sida på en stor skärbräda tillsammans med lite flingsalt. Finhacka chilin och mosa den till en pasta tillsammans med vitlöksklyftan och saltet. Tillsätt det i majonnäsen och låt den sedan stå i kylen minst ett par timmar, gärna över natten.

BBQ-sås: Blanda alla ingredienser i en kastrull och koka försiktigt i 5 minuter. Låt svalna och häll upp på en ren burk. Såsen håller flera månader i kylen.

Sötpotatisstrips: Skala sötpotatisen och skär den i stavar. Blanda mjöl och salt på en tallrik, vispa ihop äggen och häll dem på en annan tallrik och häll pankon på en tredje. Rulla först sötpotatisen i mjölet, sedan i äggen och slutligen i pankon. Hetta upp oljan till 175 grader, mät med termometer eller lägg i en liten brödbit, när den blir gyllenbrun är oljan lagom varm. Fritera några sötpotatisstavar åt gången, cirka 2-3 minuter. Låt dem rinna av på hushållspapper och salta genreröst.

BBQ-biff: Salta och peppra köttet väl. Grilla det 2-3 minuter per sida och pensla på en matsked BBQ-sås på varje sida mot slutet. Servera med chilimajonnäsen, sötpotatisstripsen och grillade tomater och majskolvar.

Vin & ost

De flesta tänker direkt på rött vin när ost kommer på tal. Men är det så enkelt – och är det så gott? Känner du igen den här bilden: du tar fram en bit iskall gorgonzola ur kylen, sköljer några druvor och plockar fram lite kex, hoppar upp i soffan och tar fram det kvarvarande rödvinsglaset från middagen. Men vad smakar det, och smakar det gott? Eller smakar det som det brukar? Jag tycker inte att det blir särskilt gott. Osten blir salt, druvan blir besk och vinet försvinner helt. En smakupplevelse kan vara mycket bättre än så, det finns otaliga lyckade kombinationer mellan ost och vin. Prova ska du få se!

KOMBINERA OST OCH VIN

Att kombinera ost och vin skiljer sig egentligen inte från att kombinera mat och vin. Det är rättens eller ostens totala karaktär som styr vinvalet. Det är också viktigt att välja en ost och ett vin som har samma smakintensitet så att inte den ena parten tar över, ju mer smak osten har desto smakrikare vin krävs för att osten inte ska döda vinet. Det är framförallt förhållandet mellan ostens syra, sälta och fetma å ena sidan och vinets syra, sötma och strävhet å den andra som är av betydelse. En brie med sin krämiga och feta konsistens, lätta sälta och champinjonaktiga smak passar perfekt med ett rödvin med strävhet, eftersom strävheten lindas in i det feta i osten. Salta och smakrika ostar, som till exempel grön- och blåmögelostar, mår bäst tillsammans med söta viner där sältan i osten och sötman i vinet kan spela mot varandra till en perfekt helhet.

OLIKA OSTAR

Det finns en nästan obegränsad mängd ostar, alla med sin egen smak. För att förenkla vinrekommendationerna går de att dela in i olika kategorier, men glöm inte att varje ost har sin egen karaktär, och den behöver inte smaka exakt lika från gång till gång. Vilken årstid mjölken kommer ifrån och vilken mognad osten har är exempel på faktorer som påverkar smaken. Här följer några huvudgrupper av ostar med smakbeskrivningar och vinrekommendationer.

Färskostar

Mozzarella, feta, Boursin, halloumi, brocciu, quark, Caboc, rigotte, Keso, mascarpone med flera.

Färskostar är oftast milda i smaken och det är nästan alltid smaksättningen som ger osten dess karaktär och därmed avgör vinvalet. En vitlöksost passar bra ihop med såväl torra vita viner som de flesta inte alltför kraftfulla röda viner, medan en variant smaksatt med pepparrot passar bättre med ett vitt vin.

Getostar

Chèvre, Pouligny-Saint-Pierre, Monte Enebro, Crottin de Chavignol, Mendip, St. Tola, Crottin, Sainte-Maure, Valençay, Chabi med flera.

Getostarna är många och variationen är stor. Det finns milda, torra, syrliga och smakrika varianter, mögelvarianter och varianter som har rullats i aska

eller örter. Ska man generalisera är det den syrliga och friska smaken de har gemensamt. Då passar torra och friska viner bra till, eftersom friskheten i osten matchas av det friska i vinet och kombinationen smakar mindre friskt än osten och vinet var för sig. Till de mildare varianterna är det klassiska valet en sancerre från Loire. Vinet och osten har under århundraden skapat en regionsbaserad, klassisk ost- och vinkombination. Även andra viner på sauvignon blanc, både från Frankrike och från Nya världen, fungerar bra. Till de mer vällagrade och smakrika ostarna kan man tänka sig ett rött vin. Tänk dock på att osten har syrlig smak och att vinet också gärna får vara ganska friskt och syrligt. Alltså, hellre ett rött vin som odlats på en sval plats än ett varmodlat vin, eftersom ett varmodlat vin får smak av solmogen frukt snarare än syra.

Vitmögelostar

Brie, Brie de Meaux, camembert, Somerset Brie, Gaperon, boursault, Brillat-Savarin, Neufchâtel, Coulommier, Saint-Marcellin, Chaource, Bonchester med flera.

Brie och rödvin är en klassiker som få har missat, och visst är det okej men faktum är att även vitt vin funkar mycket bra. Gemensamt för vitmögelostarna är den krämiga konsistensen. Smakrikedomen kan variera men man pratar ofta om lite nötiga och champinjonaktiga dofter och smaker. Ett rött vin får gärna ha lite strävhet som balanseras av det feta i osten. Cabernet sauvignon, merlot och tempranillo är druvor som funkar bra. Vill du dricka vitt vin rekommenderas smakrika varianter, framförallt om osten är mogen. Pinot gris från Alsace eller smakrikare, eventuellt lite ekade chardonnayviner är bra alternativ.

Kittostar

Munster, Livarot, Reblochon, Serra da Estrela, Epoisses, Herve, Pont-l'Évêque, Vacherin, Mont d'Or, Stinking Bishop, Langres med flera.

Alla kittostar har en orangeröd yta som bildas under lagringen. Ytan tillsammans med det krämiga och lite salta innandömet ger osten en smakrik karaktär. Smakrika vita viner med tydlig fruktighet passar allra bäst till kittostar. Pinot gris från Alsace är ett exempel, även sötmogna chardonnayviner från Nya världen passar bra. Vill man dricka rött rekommenderar jag fruktigare varianter, där den sötmogna frukten i vinet kan paras med ostens sälta. Pinot noir från Bourgogne eller solmogna viner från Nya världen är bra tips.

Hårdostar

Emmenthaler, gruyère, edamer, herrgårdsost, manchego, gouda, parmigiano reggiano, pecorino, cheddar, Appenzeller, Comté, tomme, graviera, havarti, beaufort med flera.

Även bland hårdostarna finns ett brett spektrum med allt från parmesan till vår svenska grevé. De passar med både vita och röda viner, men jag undrar om inte de vita vinerna passar bäst. Smakrika, torra chardonnayviner är perfekta. Viner från Frankrike passar bättre än viner från Nya världen, även champagne passar bra. Vill du dricka rött gäller medelfylliga till fylliga viner, hellre fruktiga än sträva. Vilken druva spelar inte så stor roll, det kan fungera med cabernet sauvignon, merlot, syrah eller zinfandel. Är ostarna mycket lagrade och salta, till exempel vällagrad parmesan, kan även ett sötare rött vin vara aktuellt. Eller varför inte testa klassikern från Italien – parmesan och amarone?

Grön- och blåmögelostar

Gorgonzola, roquefort, stilton, Cambozola, Bleu d'Auvergne, Dolcelatte, Bleu de Bresse, danablu, Bavaria Blue och svensk ädelost.

Grön- och blåmögelostar har nästan alltid kraftfull smak och är väldigt salta och det är framförallt den tydliga sältan som ställer till det vid vinvalet. Både röda och vita viner tar stryk av sältan, även om de vita är något mindre känsliga. Söta viner brukar dock fungera, både röda och vita, där ostens sälta och fetma tillsammans med sötman från vinet bildar en trevlig kombination. Det söta vinet smakar mindre sött och den salta osten mindre salt. Portvin, sauternes, tokaji eller andra söta viner från till exempel Loire, Alsace, Tyskland eller Nya världen är bra alternativ för en lyckad kombination. Vill du absolut ha ett torrt vin, vitt eller rött, ska du välja ett med mogen fruktighet. En amarone från Italien, zinfandel från USA, halvtorra viner från Tyskland eller Alsace eller en sötmogen chardonnay från Nya världen funkar bra.

OSTBRICKA

Visst är det trevligt med en ostbricka – att kunna välja och vraka mellan olika smaker och konsistenser. Men att ha en getost, en brie och en mögelost på samma bricka försvårar vinvalet. Skall man servera en ostbricka är det bra om man kan plocka ut ostar som ligger i samma huvudgrupp. Det finns så många olika ostar att man kan få variation ändå och samtidigt välja ett vin som passar till alla ostarna på brickan.

Vill man absolut servera flera osttyper på samma bricka är en lösning att också servera flera olika viner. Man kan hälla upp några droppar av dessertvinet redan till osten, eller man kan spara en slatt av förrättsvinet.

SÖTT VIN OCH OSTBRICKA

Servera en roquefort, en gorgonzola och kanske en bit Appenzeller och vällagrad parmesan. Gemensamt för dessa ostar är att de är smakrika och framförallt salta, vilket gör dem goda till sött vin. Välj ett portvin från Portugal, en sauternes från Frankrike, söta pinot gris-viner eller gewürztraminer från Alsace.

VITT VIN OCH OSTBRICKA

Servera en chèvre, en mild färskost och en bit mild vitmögelost, till exempel Brillat-Savarin. Ostarnas ganska milda smak och friskhet gör att de passar till ett friskt vitt vin. Välj en sauvignon blanc, chenin blanc eller riesling.

RÖTT VIN OCH OSTBRICKA

Servera en brie, en emmenthaler, en reblochon och en lagrad getost. Till dessa ostar passar ett rött vin. Vinet får inte vara för lätt men inte heller för strävt. Prova viner på druvor som cabernet sauvignon, merlot och syrah.

TIPS & RÅD

Ost ska vara rumstempererad, kall ost är lika gott som varm Coca-Cola. Ta fram osten i god tid, minst ett par timmar innan den ska serveras.

Visst är det trevligt med alla "klassiska" tillbehör som druvor, päron, paprika, selleri och salta och kryddade kex, men de försvårar möjligheten att hitta ett perfekt vin. Ju färre tillbehör, och därigenom färre smaker, desto enklare att hitta ett passande vin. Knäckebröd eller vanligt bondbröd är alldeles tillräckligt. Men då säger någon: Men ost och päron är ju så gott! Eller fikonmarmelad! Jovisst, klassiska tillbehör är jättegott till salta ostar, men när ett vin ska passa in i kombinationen blir det lätt fel.

En omdebatterad fråga när det gäller ost är om den ska vara pastöriserad eller ej. Större delen av den mjölk som idag används vid industriell osttillverkning är pastöriserad. Ostexperterna hävdar dock med bestämdhet att denna process gör osten menlös och många föredrar opastöriserad ost. Med dagens moderna och hygieniska standard är det oftast inga problem att äta dessa ostar. De bör dock undvikas av barn, gravida samt gamla och sjuka.

Glöm inte heller bort de svenska ostarna! Det är så lätt att bara tänka på Frankrike, Italien och Spanien när det gäller ost men även Sverige har massor av goda ostar att erbjuda. Extra roligt är att det har skett en enorm framväxt av lokala gårdsmejerier i Sverige på sistone och idag kan man hitta massor av mikroproducerade, opastöriserade ostar i alla stilar och smaker.

SUMMA SUMMARUM

Varje ost kräver sitt vin för en optimal kombination, men tyvärr är det inte alltid man kan göra så. Om ni har läst alla vinrekommendationer har ni säkert noterat att vitt vin nästan är mer gångbart till ost än rött. Om jag skulle tvingas välja ett enda vin att dricka till alla ostar i resten av mitt liv skulle jag välja en pinot gris från Alsace i Frankrike. Ett torrt vin men med mogna, söta, fruktiga toner, så kallad fruktsötma. Det, vill jag hävda, är ett allroundvin till ost.

Björnbärsmarmelad med kanel

Den här marmeladen med "tunga" smaker av björnbär och mustig kanel gör sig utmärkt till ost. Prova den till en salt och krämig blå- eller vitmögelost. En likande kombination kan du också skapa mellan ost och vin, utan marmelad. Välj ett rött portvin - sött och salt. Men naturligtvis passar marmeladen till också.

Ca 1/2 liter marmelad

500 g björnbär
500 g syltsocker
2 kanelstänger

Lägg bär, syltsocker och kanelstänger i en kastrull och låt det koka ihop i 3-4 minuter. Ta av från värmen och skeda bort eventuellt skum. Häll upp i en eller två rena, varma burkar och sätt på locket. Marmeladen håller flera månader i kylen – förutsatt att inga fingrar stoppas i burken!

Galet de la Loire

Pan de Higo – spanskt fikonbröd

Ett sött och kryddigt "bröd" som egentligen inte är något bröd eftersom det inte innehåller mjöl och inte behöver gräddas. Det här är ett klassiskt spanskt osttillbehör som passar till all slags ost, men en bit salt manchego till utgör såklart en perfekt kombination. Extra gott blir det tillsammans med ett litet glas vin. Välj ett sött, rött spanskt vin till som skapar den där goda kombinationen mellan salt och sött.

24 bitar

400 g torkade fikon, mjuka, annars blötlagda
1 dl sötmandel, helst ekologisk
2 msk sesamfrön
1 tsk malen kanel
2 krm malen kryddnejlika
1 msk konjak eller calvados

Lägg fikonen i en matberedare och mixa till en grov deg. Rosta mandel och sesamfrön för sig i en torr panna. Tillsätt mandel, sesamfrön, kanel, kryddnejlika och sprit i matberedaren och kör ett par varv till. Platta ut fikondegen i en smörpappersklädd rund form som mäter cirka 15 centimeter i diameter. Lägg på en bit smörpapper och tryck till. Har du ingen form som passar kan du platta ut degen på ett smörpapper och sedan linda in den i mer smörpapper. Lägg en tyngd på, exempelvis ett par tjocka kokböcker, och låt vila på köksbänken ett par dagar. Skär i små tårtbitar och servera till ost. ”Brödet” håller ett par månader i kylen om det är inlindat i smörpapper eller plast.

Ostkex med fänkål

Servera en salt ost på ett hembakt kex - gott drinktillbehör som passar perfekt med de friska och syrliga smakerna i en champagne.

Ca 40 stycken

150 g riven lagrad ost, exempelvis västerbottensost
100 g kallt smör i kuber
3 dl vetemjöl
2 msk kallt vatten
2-3 tsk fänkålsfrö

Lägg ost och smör i en matberedare och kör tills det binder. Tillsätt mjölet lite i sänder medan maskinen går. Häll i vattnet och kör till en smidig deg. Tillsätt fänkålsfröna och kör lite till.

Knåda degen lätt på ett bakbord. Rulla den till en rulle, cirka 5 centimeter i diameter, och klä in den i smörpapper. Låg degen vila i kylen ett par timmar eller över natten.

Sätt ugnen på 225 grader. Skär degen i cirka 3-4 millimeter tjocka skivor och lägg dem på en bakplåtspappersklädd plåt. Grädda i cirka 8 minuter, se till att de inte bränns. Låt kexen svalna på galler.

MORAKNIV
ROSTFRI

Vin & dessert

Det viktigaste när det gäller desserter och dessertvin är att ha koll på sötman. För att kombinationen ska bli lyckad och god krävs att sötman i vinet är minst lika framträdande, eller något tydligare, än i desserten. Annars trollar sötman i maten bort sötman i vinet genom adaptation (se s. 19) och vinet smakar torrt och surt.

För att ingen part ska ta ut den andra gäller det även att matcha smakstyrkan i vinet med smakstyrkan i rätten. Det är inte kul om det bara smakar vin och lika tråkigt om man bara känner desserten.

Nästa steg är att hitta dofter och smaker i vinet och desserten som liknar varandra. De lite knäckiga tonerna från bränt socker kan till exempel kombineras med klassisk tokaji med oxiderade toner, och till en dessert med tropisk frukt passar botrytiserade viner bra.

OLIKA TYPER AV DESSERTVINER

Det finns hur många olika typer av dessertviner som helst, men trots variationsrikedomen finns det bara några få olika tillverkningssätt. Alla bygger på att på ett eller annat sätt lyfta fram den sötma som finns naturligt i druvan. Vissa sätt är enkla medan andra är mer riskabla.

ÄDELRÖTADE VINER

Hemligheten bakom ädelrötade viner, eller botrytiserade, är svampen Botrytis cinerea som angriper druvorna i slutet av växtperioden – om man har tur. Det som krävs är ett varierande klimat med ömsom fukt och ömsom torka, därför kommer botrytiserade viner nästan alltid från vingårdar som ligger nära vattnet. Svampen suger vattnet ur druvan och lämnar kvar den söta sockermusten. Druvorna skördas för hand i omgångar, man plockar endast de angripna druvorna i varje klase. En angripen druva ser fullkomligt oaptitlig ut – men den gör mirakel! Vinet får så hög sockerhalt att det fortfarande är sött efter jäsningen, då jästen har ätit upp en del av sockret för att bilda alkohol.

Ädelrötade viner görs i hela världen, men det är utan tvivel från Sauternes och dess grannkommuner Barsac, Cadillac, Loupiac och Graves i södra Bordeaux som de mest kända ädelrötade vinerna kommer. De är intensivt söta och fylliga med doft och smak av honung, aprikos och tropiska frukter som mango, papaya och passionsfrukt. Dessa viner är ofta fatlagrade.

Tokaji aszú från Ungern är också botrytiserade och finns i en klassisk oxiderad stil och i en modernare, ooxiderad stil. Oxidationen ger ofta toner av nötter och karamell. Dessa viner finns i olika söthetsgrader som på flaskan anges i "puttonyos", från 3 till 6, där 6 är den sötaste varianten.

I Tyskland och Österrike kallas de ädelrötade vinerna trockenbeerenauslese. Oftast är de något lättare i stilen än vinerna från Sauternes. Motsvarigheten i Alsace i Frankrike kallas séléction de grains nobles. I Nya världen går de ofta under beteckningen botrytis eller nobel roth, eller bara late harvest.

SENT SKÖRDADE VINER

Ju senare en druva skördas, desto högre sockerhalt har druvan och man får därmed ett sötare vin. Samtidigt sjunker syranivån så det gäller att välja rätt tillfälle för skörd. Vinerna blir gyllengula och halvtorra till söta men saknar ofta den fyllighet som de ädelrötade vinerna får. Man gör vin på sent skördade druvor i hela världen.

I Alsace i Frankrike kallas dessa viner vendange tardive och kan variera från halvtorra till söta. Många av de söta vinerna på druvan chenin blanc från Loire i Frankrike faller också in under denna kategori.

I Tyskland och Österrike gör man spätlese och auslese. De är ofta halvtorra respektive halvsöta, på etiketten kan det dock stå trocken, vilket innebär att vinet är torrt även om det är gjort på sent skördade druvor. Den söta musten bidrar till karaktären i vinet men allt socker är borta genom utjäsning. Beerenauslese görs också i Tyskland och Österrike och är ett snäpp bättre än auslese. Druvorna till beerenauslese skördas sent och kan ibland vara angripna av ädelröta. I Nya världen kallas viner av detta slag oftast för late harvest.

EISWEIN

Eiswein är en spektakulär tillverkningsmetod där man tar hjälp av vädret. Det här är gambling på hög nivå – antingen lyckas man eller går hela skörden åt pipan. Man låter druvorna sitta kvar på rankan tills den första frosten kommer. Vid minus sju grader skördar man snabbt och pressar ännu fortare. Vid den temperaturen har vattnet i druvan frusit till kristaller medan sockermusten fortfarande är flytande. Vattenkristallerna silas bort och kvar finns den söta sockermusten som man jäser till vin. Eiswein är nästan alltid dyrt – men ofta värt sitt pris. En extra smakupplevelse får man om man tänker på alla frusna druvplockarfingrar och vinbönderna som nervöst har gått och väntat på rätt skördetillfälle. Eiswein är vanligast i Tyskland och Österrike men görs även i Kanada, ice wine.

SÖTA MOUSSERANDE VINER

Halvsöta eller söta mousserande viner finns i flera varianter från olika länder. De mest kända är söt champagne från Frankrike och asti spumante från Italien. Söt champagne betecknas som sec, demi-sec eller doux och görs precis som vanlig champagne men har högre sötma. Asti spumante görs enligt cuve close-metoden på druvan muscat och kommer från Piemonte i nordöstra Italien. Moscato de Asti är av högre kvalitet än asti spumante och produceras i betydligt mindre volym.

PASSITOVINER

Passitoviner får man genom att låta druvorna ligga och torka efter skörden. Det kan ske utomhus eller inomhus. Vattnet i druvan dunstar och kvar i druvan finns den söta sockermusten. Denna metod används på både vita och röda druvor och kan ge alltifrån torra till söta viner. Passitoviner görs i hela världen men är vanligast i Italien: recioto och vin santo. I Frankrike kallas de vin de Paille och i Österrike för strohwein.

Cuve close-metoden bygger på att man låter vinet jäsa en andra gång i tankar under tryck. Därefter filtreras jästfällningen bort och vinet buteljeras under tryck för att bevara de bubblor som skapades under jäsningen. Metoden ger mindre jästkontakt och större och mer lättflyktiga bubblor än champagnemetoden och anses inte vara lika fin.

STARKVINER

Starkviner har en alkoholhalt mellan 15 och 22 %, som de fått genom uppspritning. Man börjar med ett vanligt vin och när jästen har omvandlat en del av sockret i druvan till alkohol häller man i lite ren druvsprit. Spriten gör att jästen dör och kvar får man ett vin med högre alkoholhalt (från den jästa musten och spriten) och med sötma från den del av druvmusten som aldrig hann omvandlas till alkohol. Ursprunget till dessa viner sägs vara att man spritade upp vinerna för att de skulle hålla under långa sjötransporter, vanligt vin höll inte för resorna. Tack vare den förhöjda alkoholhalten dog bakterierna och risken för att vinet skulle efterjäsa minskade.

PORTUGAL

Portvin från Duorodalen i Portugal görs på ett trettiotal olika druvor och är uppkallat efter hamnstaden Porto. Det görs både vita och röda portviner, men medan de röda alltid är söta kan de vita även vara torra. Portvin görs i en rad olika stilar: ruby, tawny, late bottled vintage (LBV), colheita, vintage, single-quinta och vitt portvin.

Det finns en rad olika typer maderiavin, både torra och söta, som ofta namnges efter vilken druvsort de traditionellt tillverkas av: sercal, verdelho, bual eller malmsey. De "bakas" i ugnar, estufas, vilket ger vinerna en bränd, knäckig karaktär. Metoden uppkom då man förr i tiden skeppade viner på fat långa sträckor över ekvatorn. När man provade vinerna efter resorna smakade de godare och förklaringen visade sig vara vinets långsamma uppvärmning. När det gäller dessertsammanhang ska man framförallt titta efter bual och malmsey, halvsöta respektive söta.

Ett annat mycket känt starkvin från Portugal är Moscatel de Setúbal, från Setúbal strax söder om Lissabon. Det görs på muscatdruvan och lagras vanligtvis mycket länge på fat. Vinerna är söta, doftar och smakar av torkad frukt och har en nötig karaktär.

SPANIEN

Sherry har sitt ursprung i staden Jerez de la Frontera i sydvästra Spanien. Det finns en rad olika varianter, allt från mycket torra till extremt söta. I dessertsammanhang är det framförallt de sötare varianterna, oloroso cream och PX, som är av vikt. Oloroso cream är en mörkt gyllenfärgad, fyllig, smakrik och torr sherry som har fått en tillsats av sötningsvin framställt av pedro ximénez- eller moscateldruvan. Den är söt och har en nötig karaktär. PX, som står för druvan pedro ximénez, är den absolut sötaste varianten och har en otroligt fyllig och söt doft och smak av russin och torkad, lite bränd frukt.

FRANKRIKE

VDN, eller Vins Doux Naturels, är ett samlingsnamn för uppspritade viner från Frankrike. Det görs både vita och röda uppspritade viner. Viner på muscat från Beaumes-de-Venise och Rivesaltes är de mest kända vita vinerna och viner gjorda på grenache från Maury och Banyuls är de mest kända röda.

I Cognacdistriktet görs ett udda VDN-vin, Pineau des Charentes. Man blandar minst ett år gammal cognac med ojäst druvmust. Starkvinet kan vara antingen vitt eller rött och dricks ofta lokalt som aperitif men funkar även bra som dessertvin.

ITALIEN

Från Siciliens västkust kommer marsala, uppkallat efter hamnstaden i provinsen Trapani. Marsala framställs oftast av de lokala gröna druvorna catarratto, grillo och inzolia. Det tillverkas i en rad olika typer, alltifrån torra till söta, och de delas in i olika klasser beroende på lagringstid. De söta varianterna kan likna de söta sherryvinerna med doft och smak av torkad frukt, fatkaraktär och lätt oxiderade och brända toner.

NYA VÄRLDEN, GREKLAND OCH CYPERN

Viner av portvinstyp görs i många länder, även i Nya världen.

Viner av sherrytyp görs även i till exempel Australien och Sydafrika. liqueur muscat från Australien liknar en PX från Spanien. Vinet är nästan svart och både doft och smak är otroligt fylliga och söta med toner av russin, fikon och dadlar. En bränd ton är inte ovanligt.

Även commandaria från Cypern kan liknas vid en PX-sherry, med bränd karaktär och smaker som påminner om honung och torkade frukter. Vinet görs på den blå druvan mavro och den gröna xynisteri. Druvorna får torka i solen någon vecka före pressning och sedan lagras commandarian minst två år på fat, ofta längre. Man blandar sedan vin från olika gamla fat före buteljering, precis som med sherry.

Greklands mest kända söta vin är samos och kommer från ön med samma namn. Druvan muscat à petits grains spritas upp med druvsprit och ger ett sött, aromatiskt och ofta lite bränt vin.

VAD TILL VAD?

Det finns minst lika många desserter som det finns dessertviner. Här följer några tips och förslag till vanliga huvudtyper av desserter. Glöm inte bort att det är dessertens totala karaktär som ska styra vinvalet. Ren vaniljglass kan passa med asti spumante, medan samma glass med en fyllig kolasås behöver en PX.

SORBET

Sorbet är ofta, oavsett smak, främst frisk och syrlig. Lägg därtill den kalla serveringstemperaturen som förstärker det syrliga intrycket. Därför är det viktigt att hitta ett vin med friskhet, därefter kan man leta likartade smaker i sorbeten och vinet. Tre viner med potential att klara av sorbet är asti spumante, söt chenin blanc från Loire eller eiswein, alla med markerad friskhet och syra.

GLASS OCH PARFAIT

Ett troget vin till glass och parfait är asti spumante. Anledningen är densamma som när det gäller sorbet, oavsett vad glassen smakar gör konsistensen och temperaturen att den känns ganska frisk och syrlig. Prova också eiswein eller friska late harvest-viner, framförallt på sauvignon blanc.

FRUKT- OCH BÄRDESSERTER

Färska frukter och bär är relativt svåra att kombinera med vin eftersom de har en pigg syra. Vinet behöver därför utöver sötma också ha friskhet och gärna syra. Naturligtvis beror det också på vilka bär och frukter desserten är gjord av. Syrliga bär och frukter såsom lingon, vinbär, passionsfrukt, apelsin och Granny Smith-äpplen kräver syrligare vin än jordgubbar, hallon och Golden Delicious-äpplen. Rena frukt- och bärdesserter passar bra med asti spumante/Moscato d'Asti eller ljusa muscatviner. Äppeldesserter passar extra bra med tokaji aszú eller söta chenin blanc-viner. Mörka bär, speciellt om de serveras med något krämigt som grädde, kan klara lite mörkare muscat-viner, exempelvis från Banyuls. Till hjortron är det inte alltid så lätt att hitta passande dessertvin. Prova tokaji aszú eller kanske ännu hellre det lite udda VDN-vinet från Cognac – Pineau des Charentes.

CHOKLAD

Chokladens bassmaker består framförallt av sötma och bitterhet samt syra och fetma. Skillnaden är dock stor mellan en ljus mjölkchokladmousse och en mörk, mustig chokladtårta. Nyckeldruvan är muscat, en förenklad genväg som faktiskt funkar. En lättare chokladdessert, till exempel ljus gräddig mjölkchokladmousse, blir perfekt med en lätt pärlande asti spumante eller Moscato d'Asti från Piemonte i norra Italien. En mörkare chokladmousse passar bättre med en Muscat de Beaumes-de-Venise från Rhônedalen i Frankrike medan en tung kakaorik chokladbakelse blir bäst tillsammans med en liqueur muscat från Australien. Men prova gärna andra muscatviner också.

Även viner med lite oxiderade toner och smaker av bränd och torkad frukt kan passa till choklad, testa halvtorr eller söt madeira från Portugal, banyuls från södra Frankrike, commandaria från Cypern eller PX (Pedro Ximenez) från Jerez i Spanien.

Vit choklad innehåller ingen kakao och är därför inte bitter utan sötare än annan choklad. Det gäller att välja rejält söta viner så att inte sötman i chokladen tar bort sötman i vinet. Sauternes eller liknande viner brukar fungera bra.

NÖTDESSERTER

Det är trevligt att plocka upp det nötiga i desserten genom att hitta viner med nötiga toner. Tokaji aszú från Ungern och Moscatel de Setúbal från Portugal är två tips. Är nötdesserten av det mer brända och knäckiga slaget, kanske bakad i ugn med sirap eller farinsocker, kan kraftigare varianter väljas. Prova söt madeira eller sherry.

Blodapelsinsorbet

Visste du att blodapelsiner endast växer på Sicilien och att de har en relativt kort säsong under vinterhalvåret? De har en speciell, frisk syrlighet. Passa på, godare apelsiner finns inte! Denna dessert är snarare syrlig än söt. Ett vanligt sött dessertvin funkar inte - krocken är ofrånkomlig och resulterar i att vinet bara blir sötare och desserten syrligare. Nej, vi måste välja ett sött dessertvin som också har frisk syrlighet. Bäst passar de lätt pärlande vinerna från Asti i nordvästra Italien - asti spumante och Moscato d'Asti.

4 portioner

5 dl pressad blodapelsinsaft
(från ca 1 kg blodapelsiner)
2 1/2 dl vit sirap

Blanda apelsinsaften med sirapen och häll det i en låg form. Ställ in i frysen och rör med en sked en gång i timmen i cirka 6 timmar eller tills sorbeten fått en fast men krämig konsistens.

Pot au chocolat fleur de sel

Små koppar med chokladkräm med flagor av havssalt på toppen är den ultimata desserten för "chocoholics". Bjud gärna mer flingsalt till. Till mörka chokladdesserter är det gott med maffiga och smakrika starkviner, dessutom bidrar saltet till en klassisk sött-salt-kombination. Välj gärna en simmigt söt PX från södra Spanien med härligt torkad och lite bränd fruktighet.

4 portioner

200 g mörk choklad av god kvalitet, 60 %
1 vaniljstång
2 dl vispgrädde
1/2 dl strösocker
1 krm salt
2 äggulor
1 tsk flingsalt

TILL SERVERING

färska hallon

Skär chokladen i bitar. Dela vaniljstången på längden och skrapa ur fröna. Häll grädden i en kastrull tillsammans med socker, fröna från vaniljstången och saltet och låt det koka upp. Lägg i chokladen, sänk värmen och rör tills den smälter. Ta kastrullen från värmen. Vispa ihop äggulorna och vispa ner dem i chokladsmeten. Häll upp i fyra små glas eller koppar och kyl i kylskåp ett par timmar eller över natten. Strö på flingsaltet och servera med färska hallon.

Kryddig och knäckig crème brûlée

Värmande kryddor i len äggkräm under knäckigt täcke. Den knäckiga smaken från det brända sockret i denna rätt går också att hitta i en del dessertviner. Jag tänker främst på tokajivinerna från Ungern, välj ett med beteckningen 4-5 puttonyos på etiketten. Det blir en bra kombination där liknande smaker i maten och vinet möter varandra.

4-6 portioner

1 vaniljstång
1 kanelstång
1 stjärnanis
1/2 tsk kardemummakärnor
3 dl vispgrädde
2 dl mjölk, 3 %
5 äggulor
1 dl rörsocker

KNÄCKTÄCKE

1/2 dl rörsocker
1/2 tsk mald kanel

Sätt ugnen på 175 grader. Dela vaniljstången längs med och skrapa ur fröna. Lägg frön, den urskrapade vaniljstången, kanelstången, stjärnanisen och kardemummakärnorna i en kastrull tillsammans med grädden och mjölken och låt det sjuda ett par minuter. Ta av kastrullen från värmen och låt dra 30 minuter eller längre.

Vispa upp äggulor och socker. Sila bort kryddorna och vispa ner gräddblandningen i äggvispet. Fördela smeten i fyra låga formar. Ställ formarna i en långpanna. Koka upp vatten och häll det i långpannan runt formarna. Låt gå i ugnen i ca 20 minuter. Ta försiktigt ut formarna, gärna med en tång. Låt vattenbadet svalna innan du häller bort det.

Höj värmen till 250 grader, grill. Blanda rörsocker och kanel och strö över lite på varje pudding. Bränn hastigt av dem högt upp i ugnen så att de får ett knäckigt täcke. Se upp, de bränns lätt! Har du en gasolbrännare så använd den istället. Servera.

Vit kladdkaka med aprikos

Söt och mäktig är den här kakan - och förföriskt kladdig och god. Och den räcker till många. Smaken av aprikos är trevlig att plocka upp i vinet, dessutom gäller det att vinet har en rejäl dos sötma för att det inte ska bli syrligt och kantigt tillsammans med den söta kakan. Ett vin gjort på ädelrötade druvor blir perfekt. Om du väljer ett från originalregionen i Bordeaux, Sauternes, eller ett vin från Nya världen är upp till dig.

10 bitar

3 ägg
3 dl strösocker
200 g smör
200 g vit blockchoklad + 50 g till garnering
5 dl vetemjöl
2 tsk bakpulver

GARNERING

150 g aprikosmarmelad
2 msk smör, crème fraiche eller cream cheese

Sätt ugnen på 225 grader. Smöra och mjöla en rund form med löstagbar kant. Vispa ägg och socker vitt och pösigt. Smält smöret i en kastrull på medelvärme. Grovhacka 200 g av chokladen och rör ner den i smöret, rör tills den smälter helt. Ta kastrullen från plattan. Blanda mjöl och bakpulver i en separat skål. Vänd ner det i äggsmeten växelvis med smör- och chokladblandningen. Rör bara så att allt blandas och häll sedan smeten i formen. Grädda i nedre delen av ugnen cirka 10-12 minuter. Om den börjar få för mycket färg kan du lägga på lite folie. Låt kakan svalna i formen.

Smält aprikosmarmeladen försiktigt i en liten kastrull och fördela den över den svalnade kakan. Finriv resten av chokladen. Bred smör, crème fraiche eller cream cheese runt kakans kanter och garnera med den rivna chokladen.

Register

Tack

Till Kakao förlag för förtroendet att göra ytterligare en bok med temat kombinera mat och vin. Alltid lika roligt och lärorikt.

Ulrika Ekblom för underbara bilder
Sanna Sporrong för fin form
Vide Forslin för godaste BBQ-såsen
Emma Brizzi för stylistassistans
Trolltyg för lån av vackra glas
Sthål för lån av vackra tallrikar
Himla för alltid så vackra linnetyger
Rådhuset Kvinna för lån av fina kläder
Stigges reklam i Järvsö för snyggt "skrot"
Norrgavel i Uppsala för lån av fint porslin
Glaskonstnär Cecilia Boström för lån av vackra glas
Cervera City i Uppsala för lån av vackra glas och porslin

LISELOTTE FORSLIN är matskribent, receptutvecklare och kokboksförfattare. Detta är hennes nionde kokbok på Kakao förlag. Hon skriver i bland annat Svenska Dagbladet, Uppsala Nya Tidning, Aftonbladet, ELLE Mat & Vin, Lantliv och Lantliv Mat & Vin. En maträtt är inte bara en maträtt för Liselotte. Den blir ett stilleben och en berättelse när hon arrangerar den inför kameran. Kameran håller oftast fotograf Ulrika Ekblom i och tillsammans driver de matbloggen Le Parfait. Liselotte älskar inte bara mat utan även vin, smakerna blir fullständiga med den rätta kombinationen av mat och vin.

Följ gärna Liselottes recept och Ulrikas bilder på www.leparfait.se

ULRIKA EKBLOM är fotograf med mat som främsta motiv. Tillsammans med Liselotte och andra matmänniskor fotograferar hon mat till både redaktionella och kommersiella uppdrag. För Kakao förlag har hon fotograferat ett flertal böcker.

JENS DOLK har ända sedan han var 15 år jobbat med det han tycker är absolut roligast – mat och vin. Han har bred erfarenhet av restaurangbranschen, en fil.kand. i restaurang- och måltidskunskap från Grythyttan och har tidigare arbetat med vin- och delikatessimport. Idag är Jens aktiv som vinskribent i bl.a. Expressen och han skriver även för TT Spectra (i ett tjugotal landsortstidningar).

Jens är också aktuell som återkommande vinkommentator i TV4:s Nyhetsmorgon och som en av initiativtagarna och profilerna bakom TV4:s Mitt Kök Sverigeresan – en satsning där han tillsammans med parhästen Tommy Myllymäki reser Sverige runt för att leta upp och lyfta fram det bästa som finns i mat- och dryckesväg.

”Vin är det godaste jag vet och godast blir det tillsammans med rätt mat. Ägna några sekunder extra åt vinvalet och få ut dubbelt så mycket av kombinationen!”

Jens har tidigare skrivit sex böcker om mat och vin, utgivna på Kakao förlag och Forma Books.

Läs mer om Jens på www.dolkmatochvin.se

Kakao förlag
Stadt Hamburgsgatan 9B
211 38 Malmö

Vintexter: Jens Dolk
Recept: Liselotte Forslin
Foto: Ulrika Ekblom
Formgivning: Sanna Sporrong Form
Tryck: Göteborgstryckeriet, 2012
Papper: Amber Graphic 150 g
ISBN: 978-91-85861-63-7